Weimar – zwischen klassisch und modern

Wer in Thüringen Hochkultur erleben möchte, wendet sich nicht unbedingt immer den großen Städten zu, sondern lenkt seine Wege nach Weimar. Mir ergeht es da nicht anders. Dabei sind das Nationaltheater 2, die zahllosen Museen und die schönen Fassaden nicht nur Kulisse, sondern Teil eines Weimars, das trotz seiner geringen Einwohnerzahl äußerst lebendig erscheint und unter den Kleinstädten im Osten Deutschlands eine echte Besonderheit darstellt.

Weimar regt immer zum Nachdenken an: über die Natur des Menschen an sich, über Kunst und Kultur, über die deutsche Geschichte. Beschauliches wie der traditionelle Zwiebelmarkt (s. S. 104) trifft auf Großartiges und Weltläufiges wie Goethes Wohnhaus 9 und auf Zeugen einer dunklen Vergangenheit wie Buchenwald 56. Doch ist die Stadt keineswegs nur gedankenschwer. Nein, Weimar bietet genügend Raum zum Abschalten und Erholen, Platz, um die Seele baumeln zu lassen. Sei es bei einem Kaffee oder bei original Thüringer Küche in den qualitativ absolut überzeugenden Cafés und Gasthäusern oder bei einem Bummel durch die weitläufigen Grünanlagen wie dem Park an der Ilm 17.

Natürlich trifft man überall auf die deutschen Klassiker. Goethe und Schiller scheinen förmlich in jeder Gasse der Altstadt ihre Spuren hinterlassen zu haben, ebenso die Architekten und Designer des Bauhauses, doch wird man bald merken, dass auch ansonsten jeder, der Rang und Namen hatte und hat, diesem Ort einmal einen Besuch abstattete und nicht selten völlig fasziniert war von der bedeutsamen Vergangenheit und dem kulturellen Reichtum Weimars.

Der Autor

Martin Schmidt wurde 1973 in Erfurt geboren. Schon früh beschäftigte er sich mit der Geschichte und Kultur der Thüringer Städtekette. Das Studium der Geografie führte ihn nach Halle (Saale), wo er seit 1993 lebt und als selbstständiger Autor, Sprachlehrer, Übersetzer und Reiseleiter arbeitet. Das Interesse an der Kultur und an den Entwicklungen in seiner Heimatregion führt ihn häufig nach Thüringen zurück. An Weimar fasziniert ihn besonders das Nebeneinander von Klassik, wechselvoller Geschichte, ausgedehnten Parklandschaften und dynamischer studentischer Kultur.

070bg-ms

CITY|TRIP
WEIMAR

Inhalt

Cleveres Nummernsystem

Die Sehenswürdigkeiten sind im Text und im Kartenmaterial mit derselben **magentafarbenen ovalen Nummer** ❶ markiert. Alle anderen Lokalitäten wie Geschäfte, Restaurants usw. tragen ein **Symbol und eine fortlaufende rote Nummer (1)**. Die Liste aller Orte und die Zeichenerklärung befinden sich im Anhang.

✿ Der Schmetterling …

… zeigt an, wo man Angebote im Bereich des nachhaltigen Tourismus findet.

Bewertung der Sehenswürdigkeiten

★★★ nicht verpassen
★★ besonders sehenswert
★ wichtig für speziell interessierte Besucher

Planquadrat im Kartenmaterial

[A1] Orte ohne diese Angabe liegen außerhalb unserer Karten. Ihre Lage kann aber wie die aller Ortsmarken mithilfe der begleitenden Web-App angezeigt werden (s. Anhang).

Vorwahlen

› für Weimar: 03643

Updates zum Buch

www.reise-know-how.de/citytrip/weimar23

Der goldene Knabe des Bürgerschulbrunnens vor der Musikschule (s. S. 69, Abb.: 081we © sehbaer_nrw, stock.adobe.com)

MDCCCXX

NICHT VERPASSEN!

1 Goethe-Schiller-Denkmal [C4]
Das bekannte Standbild der berühmten Dichter ist ein Foto-Hotspot (s. S. 13).

2 Deutsches Nationaltheater [C4]
Das Nationaltheater ist eine der traditionsreichsten Spielstätten Deutschlands (s. S. 15).

7 Schillers Wohnhaus und Schiller-Museum [C4]
Das Museum gibt einen einmaligen Einblick in das Leben des berühmten Dichters und die Lebenswelt des späten 18. bis frühen 19. Jh. (s. S. 22).

9 Goethes Wohnhaus und Goethe-Nationalmuseum [D5]
Der große Dichter und Naturwissenschaftler lebte mehr als 50 Jahre in Weimar. Viele Räume seines Wohnhauses sind im Originalzustand erhalten, Austellungen erzählen von seinem Leben (s. S. 27).

12 Herzogin Anna Amalia Bibliothek [D4]
An wohl kaum einem anderen Ort wird deutsche Literatur so greifbar wie hier. Im Rokokosaal traf sich das Viergestirn der Weimarer Klassik (s. S. 30).

17 Park an der Ilm [E6]
Der weitläufige Park ist die grüne Lunge der Stadt. Kunstinteressierte finden hier viele Sehenswürdigkeiten, Spaziergänger Ruhe und Erholung (s. S. 41).

28 Herderkirche (Stadtkirche St. Peter und Paul) [D3]
Die dreischiffige Hallenkirche wurde durch die volkstümlichen, humanistischen Predigten Johann Gottfried Herders bekannt (s. S. 55).

39 Bauhaus-Museum [C2]
In Weimar sind die Wurzeln des Bauhauses zu finden. Das Museum präsentiert einzigartige Zeugnisse dieser Kunst- und- Architekturepoche (s. S. 66).

48 Schloss und Park Belvedere
Wundervolle Parkanlage mit Orangerie (s. S. 74).

003we-ms

Willkommen in Weimar

Weimar liegt zwischen den Muschelkalkhügeln der Ilm-Saale-Platte im Süden und dem Höhenzug des Ettersberges im Norden in einer Talsenke des Flüsschens Ilm. Das kompakte Zentrum lässt sich perfekt zu Fuß erkunden und erleben. Für einen ersten Überblick lohnt die Aussicht vom **Turm der Jakobskirche** 35. In Richtung Süden ragen der Turm und das hohe Schiff der **Herderkirche** 28 in den Himmel. Um sie herum ducken sich zahllose, weniger markante Häuser, die von einer Zeit zeugen, als Weimar lediglich eine kleine, regionale Handelsstadt im großen Kurfürstentum Sachsen war.

Direkt neben der Kirche ragt ein zweiter Turm empor. Er gehört zum **Stadtschloss** 16, der Residenz der Herzöge, die nach der Erfurter Teilung das 1572 neu gegründete Herzogtum Sachsen-Weimar regierten. Unter Johann III. wurde der Grundstein für eine kulturelle Entwicklung gelegt, die Weimar fortan prägen sollte: Dichter, Denker und Musiker hinterließen deutliche Spuren. Die **Wohnhäuser Goethes** 9, **Schillers** 7 und **Liszts** 21 sind heute ebenso zu besichtigen wie das **Deutsche Nationaltheater** 2, die Residenz der kunstbeflissenen **Herzogin Anna Amalia** 4, die weitläufigen herzoglichen **Parks** und **Sommerresidenzen.**

Um das Zentrum herum erstrecken sich weitläufige Viertel mit stattlichen, **gründerzeitlichen Villen.** Sie waren aber nicht wie andernorts Wohnsitz reicher Fabrikanten, denn das industrielle Zeitalter ging aufgrund der Abneigung Großherzog Carl Alexanders gegen hohe Schornsteine nahezu spurlos an Weimar vorüber. In ihnen lebte vielmehr das kulturell gebildete, durchaus wohlhabende Bürgertum der Stadt. Im Kontrast zu den von viel Grün und idyllischen Gärten umgebenen Häusern steht das überdimensionale, im Dritten Reich errichtete **Gauforum** 36. Leider vergingen sich die Nationalsozialisten nicht nur städtebaulich an Weimar. Durch das **KZ Buchenwald** 56 wurde die Stadt auch Schauplatz einer menschlichen Barbarei, an welche der weithin sichtbare Glockenturm am Ettersberg erinnert.

In den Zeiten des Sozialismus wurden viele Wunden, die der Krieg geschlagen hatte, geschlossen, doch dafür wurden andere aufgerissen. Jenseits einiger symbolträchtiger Instandhaltungsmaßnahmen verfiel die Stadt. In der Zeit nach der Wende erfuhr Weimar zunächst viel Aufmerksamkeit. So wurde man 1999 **Kulturhauptstadt Europas** und die Stätten der Klassik und des Bauhauses brachten gleich zwei **UNESCO-Weltkulturerbetitel** ein. Es wurde umfassend saniert und neu gebaut. Trotzdem ist dem Ort durchaus anzumerken, dass er eine gewisse Last zu tragen hat. Einerseits finanziell, denn die Unterhaltung der vielen Gedenkstätten und der zahllosen Museen und die Aufrechterhaltung des für das Image so wichtigen Kulturstatus kostet enorme Summen, andererseits geschichtlich, denn das kulturelle Erbe der Klassikerzeit muss inhaltlich so verarbeitet werden, dass es zwar authentisch, aber auch didaktisch modern präsentiert werden kann. Gerade der Umgang mit den Gräueltaten im KZ Buchenwald erfordert viel Fingerspitzengefühl und Sensibilität.

Aber auch der Besucher wird in Weimar gefordert. Die Stadt öffnet sich nicht immer auf den ersten Blick, will entdeckt, erlebt und hinter-

fragt werden und ist dabei geschichtlich wie auch kulturell einer der interessantesten Orte Deutschlands. Das **Zentrum der Stadt** wird von der Fußgänger- und Einkaufszone der **Schillerstraße** 6 durchzogen. Sie führt vom **Theaterplatz** [C4] in Richtung **Frauenplan** 8 und **Markt** 14. Kleine, individuelle Läden entdeckt man in den Nebenstraßen wie der parallel verlaufenden Windischenstraße. Cafés und Restaurants sind recht gleichmäßig über das Zentrum verteilt und man wird im Grunde überall fündig.

Wer es etwas ruhiger mag, folgt dem „grünen Band". Die Ilm durchfließt die Stadt am östlichen Rand und bietet Raum für **ausgedehnte Parkanlagen.** Um deren nördliche und südliche Abschnitte, das **Schloss Tiefurt** 51 und das **Schloss Belvedere** 48 zu erreichen, sollte man auf den Bus umsteigen. Die kompakte Innenstadt hingegen lässt sich perfekt zu Fuß erkunden und erleben.

Weimar an einem Tag

Einen Tagesbesuch sollte man mit einem Rundgang durch die Innenstadt beginnen. Wichtige Ziele sind hier neben dem viel fotografierten **Goethe-Schiller-Denkmal** 1, das vor dem bekannten und geschichtlich interessanten **Nationaltheater** 2 steht, der beschauliche Altstadtplatz **Frauenplan** 8 mit dem berühmten **Goethehaus** 9, der **Markt** 14 mit seinem historischen Gebäudeensemble, der weitläufige, botanisch und kulturell spannende **Park an der Ilm** 17, an dessen Rand auch das mächtige **Stadtschloss** 16 und die beeindruckende **Herzogin Anna Amalia**

Blick über Weimar mit dem imposanten Stadtschloss 16

S. 6: Blick auf das Deutsche Nationaltheater 2

Bibliothek 12 zu finden sind, der Herderplatz mit der kulturhistorisch bedeutsamen **Herderkirche** 28 und die **Jakobskirche** 35.

Aufgrund der begrenzten Zeit muss man sich auf ein oder zwei wichtige Museen konzentrieren. Lohnende Ziele sind, je nach Interessensgebiet, unter anderem das **Goethe-Nationalmuseum** 9, in dem man tief in die geistige Welt der bekanntesten und einflussreichsten Weimarer Persönlichkeit eindringen kann, das beschauliche **Gartenhaus Goethes** 18, das umfassende **Museum für Ur- und Frühgeschichte** (s. S. 91) oder das **Bauhaus-Museum** 39. Letzteres bietet einen spektakulären Einblick in die Zeit von Walter Gropius und Henry van de Velde.

Kurztrip nach Weimar

Am ersten Tag sollte man den auf Seite 11 beschriebenen **Spaziergang** durch die Innenstadt unternehmen und ihn mit dem Besuch wichtiger Museen wie dem **Goethe-Nationalmuseum** 9 oder dem **Bauhaus-Museum** 39 abrunden.

Der zweite Tag eignet sich perfekt zum Bummeln. Allein im **Park an der Ilm** 17 und in den Parks der etwas außerhalb von Weimar gelegenen **Schlösser Belvedere** 48 und **Tiefurt** 51 kann man mehrere Stunden verbringen. Auch Rundgänge durch das südliche **Villenviertel** 25 und über den **Historischen Friedhof** 24 mit der Fürstengruft, der Begräbnisstätte Johann Wolfgang von Goethes und Friedrich Schillers, lassen den Besucher schnell die Zeit vergessen.

Wer Lust und Zeit hat, sollte sich jetzt noch einigen Spezialmuseen

Blick in den klassizistischen Innenraum der Jakobskirche 35

widmen, z.B dem **Liszt-Haus** 21, das seinen Fokus auf dem Schaffen des ungarischen Komponisten und Pianisten hat, dem **Kirms-Krackow-Haus** 29, das einen interessanten Einblick in die bürgerliche Wohnkultur des 18. und 19. Jahrhunderts gewährt, dem harmonisch eingerichteten **Wittumspalais** 4 oder dem eher weniger bekannten, aber nicht minder interessanten **Museum Neues Weimar** 37. Auf keinen Fall sollte man Weimar jedoch verlassen, ohne die **Gedenkstätte Buchenwald** 56 besucht zu haben.

Stadtspaziergang

Der rund **vierstündige Rundgang** beginnt vor dem **Deutschen Nationaltheater** 2, wo in der ehemaligen Wagenremise das **Haus der Weimarer Republik** 3 untergebracht ist. Über die **Schillerstraße** 6, wo vor dem **Schillerhaus** 7 der **Gänsemännchenbrunnen** sprudelt und das Eiscafé **Gelateria Giancarlo** (s.S. 97) Erfrischungen anbietet, ist es nicht weit bis zum Altstadtplatz **Frauenplan** 8. Hier lohnt in jedem Fall das **Goethehaus** 9 einen Besuch. Auf den Bänken unter der schattigen Pergola oder am Goethebrunnen kann man eine erste Pause einlegen. In der **Bäckerei Brotklappe** (s.S. 96) gibt es dafür die passenden Brötchen.

Vom Frauenplan aus geht es nun über die malerische **Seifengasse** 10 zum **Markt** 14, wo auch die Tourist-Information (s.S. 121) zu finden ist. Hier folgt der Spaziergang der Straße zum **Platz der Demokratie** 13, an den die berühmte **Herzogin Anna Amalia Bibliothek** 12 grenzt. Hinter der Bibliothek lohnt ein erholsamer Spaziergang durch den **Park an der**

007we-ms

Teilansicht des Stadtschlosses 16 *mit dem Hausmannsturm*

Das gibt es nur in Weimar

- Wohl nirgends kommt man dem Dichter und Geheimrat **Goethe** näher als in seinem Haus 9 am Frauenplan.
- Ein legendäres volkstümliches Fest, auf dem sich alles um die **Zwiebel** dreht (s.S. 104). Die Tradition reicht bis in das Mittelalter zurück.
- Ein Museum, das sich ganz allein dem **Ginkgo-Baum** widmet, befindet sich am Markt (s.S. 90).
- Die **Parkhöhle** liegt mitten in der Stadt. In ihr kann der Besucher in Weimars Unterwelt abtauchen (s.S. 46).

Routenverlauf im Stadtplan
Der hier beschriebene Spaziergang ist mit einer farbigen Linie im Stadtplan eingezeichnet.

Ilm 17, unter anderem in Richtung des sehenswerten **Gartenhauses von Goethe** 18.

Am **Stadtschloss** 16 taucht man wieder in das städtische Weimar ein und gelangt über die Schloßgasse und die Kaufstraße zum **Herderplatz** 27 mit der sehenswerten **Herderkirche** 28.

Über die Jakobstraße, die den **Graben** 34 überquert, gelangt man zur **Jakobskirche** 35, wo sich Goethe und Christiane das Jawort gaben. Von diesem Gotteshaus aus ist es durch die Friedensgasse und die Friedensstraße nicht weit zum **Bauhaus-Museum** 39. Hier kann man bei einem Picknick im **Weimarhallenpark** 40 oder im **Café am Bauhaus Museum** eine Pause einlegen.

Über die Karl-Liebknecht-Straße geht es vorbei am **Stadtmuseum** 41 zum **Goetheplatz** 42, wo noch ein Turm der einstigen Stadtmauer steht und man in die **Geleitstraße** 43 einbiegt. Dieser folgt man bis zum **Donndorfbrunnen** 5 und der **Crêperie du Palais** (s. S. 97). Wer noch ein paar individuell gestaltete, handwerklich hergestellte Produkte sucht, plant einen Abstecher in die Windischenstraße ein. Ansonsten geht es über den **Zeughof** und am **Wittumspalais** 4 vorbei zurück zum Theaterplatz.

Die Herzogin Anna Amalia Bibliothek 12 vom Park an der Ilm 17 aus gesehen

008we-ms

Südliche Innenstadt

Das Zentrum Weimars ist kompakt und kann bequem zu Fuß erkundet werden. An vielen Stellen wandelt man auf den Spuren der Weimarer Klassik und des Bauhauses. Auch Bauwerke des Spätmittelalters, der Renaissance und des Klassizismus können entdeckt werden. Und wer sich vom Stadtleben erholen möchte, für den ist es nie weit bis zu einem beschaulichen Café, einem Biergarten oder einem ruhigen, schattigen Plätzchen im ausgedehnten Park an der Ilm 17.

1 Goethe-Schiller-Denkmal ★★★ [C4]

Es ist das unumstrittene Wahrzeichen Weimars: Das imposante Doppelstandbild von Goethe und Schiller auf dem Theaterplatz gehört zu Weimar wie der Fernsehturm zu Berlin. Zugleich ist es eines der bekanntesten Denkmäler Deutschlands.

Weimar war Mitte des 18. Jh. **Hauptstadt des Herzogtums Sachsen-Weimar,** zu dem seit 1714 auch Eisenach gehörte. Regiert wurde es damals vom gesundheitlich angeschlagenen **Herzog Ernst August II.** (1737–1758). Da der Hof mit dem baldigen Ableben des kinderlosen Regenten rechnete, drohte der Ernstfall: ein Aussterben des Weimarer Herrscherhauses. Man drängte folgerichtig auf eine schnelle Heirat. Diese wurde 1756 mit **Anna Amalia** (1739–1807), der Tochter Herzog Karls I. von Braunschweig-Wolfenbüttel, vollzogen. Ein Glücksfall, denn Anna Amalia erfüllte nicht nur ihre dynastische Pflicht und schenkte zwei Söhnen das Leben, sondern brachte auch das recht rückständige Her-

Fahrradtour

Weimar lässt sich perfekt mit dem Rad erkunden. Besonders empfehlenswert ist eine Tour entlang der Ilm. Der Ilmtal-Radweg folgt dem Fluss von der Quelle nahe Ilmenau bis zur Mündung in die Salle in Bad Sulza.

Der Radweg führt innerhalb der Stadt durch den Park an der Ilm 17. In Richtung Süden erreicht man nach 14 Kilometern das Dorf Buchfahrt und nach knapp 20 Kilometern den Kurort Bad Berka, vo wo aus eine Zugverbindung nach Weimar besteht (30 Minuten). Der Weg führt in rund 1,5 Kilometer Entfernung am Schloss Belvedere 48 vorbei, das auf Höhe des Ortes Taubach zu Fuß oder über einen Feldweg erreicht werden kann.

Kürzer ist die Wegstrecke nach Nordosten in Richtung des Schlosses Tiefurt 51. Sie beträgt nur 3 Kilometer, allerdings kann die Fahrt bis Kromsdorf (nochmals 3 Kilometer) ausgedehnt werden.

› www.ilmtal-radweg.de

› Fahrradverleih s. S. 125

083we © Oliver Hlavaty, stock.adobe.com

zogtum politisch, sozial und vor allem kulturell „auf Vordermann“.

Entscheidend für die Zukunft Weimars war jedoch das **Zusammentreffen** ihres Sohnes **Carl August I.** mit **Goethe.** Auf dem Rückweg von einer Bildungsreise durch Frankreich machte der junge Herzog 1774 in Frankfurt Halt und lud den berühmten Dichter nach Weimar ein. Die sich daraus entwickelnde tiefe Freundschaft der beiden war der Beginn des „Goldenen Zeitalters“ der **Weimarer Klassik** (s. S. 24). Die Einweihung des Goethe-Schiller-Denkmals am 4. September 1857, dem 100. Geburtstag des Herzogs würdigte diese folgenreiche Verbindung.

Mein Tipp

Literaturtipp

Allen, die sich näher mit Goethe und Schiller beschäftigen möchten, seien die folgenden Biographien ans Herz gelegt.

- Adler, Jeremy: **Goethe – Die Erfindung der Moderne,** C.H. Beck, 2022
- Safranski, Rüdiger: **Goethe – Kunstwerk des Lebens,** Carl Hanser Verlag, 2013
- Safranski, Rüdiger: **Schiller oder Die Erfindung des Deutschen Idealismus,** Carl Hanser Verlag, 2012

010we-ms

Geschaffen wurde das Monument vom Dresdner Bildhauer **Ernst Rietschel.** Dieser verlieh – politisch wie auch literaturhistorisch korrekt – den beiden befreundeten Dichtern, die Weimars Geschicke nachhaltig prägten, die gleiche Körpergröße, obwohl **Schiller** mit seinen 1,85 m Goethe um ganze 16 cm überragte. Trotzdem gibt es Unterschiede: Goethe wirkt in seinem gediegenen Hoffrack deutlich ernster und gesetzter, Schiller mit hervorstehendem Hemdkragen und seinen feinen Gesichtszügen jugendlicher und ungestümer.

Dass das in Bronze gegossene Denkmal unmittelbar vor dem Deutschen Nationaltheater steht, ist kein Zufall, prägten doch Goethe und Schiller lange Zeit künstlerisch die Geschicke des traditionsreichen Hauses.

- Bus: alle Linien bis Goetheplatz

[<] Das markante Goethe-Schiller-Denkmal

[>] Untrennbar mit Goethe und Schiller verbunden: das Nationaltheater

2 Deutsches Nationaltheater ★★★ [C4]

Verglichen mit anderen Theaterhäusern im Land ist das Deutsche Nationaltheater in Weimar baulich recht unscheinbar. Seine wahre Größe ist eher geschichtlicher und geistiger Natur, zählt es doch zu den traditionsreichsten und wichtigsten Spielstätten Deutschlands.

Die Geschichte des Weimarer Theaters begann zunächst ganz unscheinbar im Ostflügel des Schlosses 16. Hier wurden ab 1697 in einem kleinen Saal die ersten Stücke aufgeführt. Mehr in den Vordergrund traten Schauspiel und Oper erst während der Regierungszeit **Anna Amalias.** Die Herzogin engagierte nahmhafte Schauspielgruppen wie 1771 die **Seylersche Schauspiel-Gesellschaft.** Eines der prominentesten Mitglieder war **Konrad Ekhof** (1720–1778), der später als Theaterdirektor im ersten Hoftheater Deutschlands im Thüringischen Gotha wirkte.

Nach dem Schlossbrand 1774 wurden die Stücke des sogenannten „Liebhabertheaters“ an verschiedenen Orten aufgeführt, unter anderem im mittlerweile abgebrochenen Redoutenhaus (Ballsaal) und im Park Tiefurt. Einen festen Standort erhielt die Theaterszene erst mit der Gründung des Weimarer Hoftheaters anno 1791 durch Herzog **Carl August.** Dieser erwarb das 1780 erbaute Komödienhaus, das an jener Stelle stand, an der heute das Nationaltheater zu finden ist.

Erster Theaterdirektor wurde **Johann Wolfgang von Goethe** (1749–1832). Zusammen mit **Friedrich Schiller** (1759–1805) verschaffte er dem Haus Geltung und strebte danach, durch die Vermittlung von Ästhetik und die Verbesserung dramaturgischer Abläufe einen kulturellen Nährboden für eine künstlerische Verbesserung der Stücke zu schaffen. Für Darsteller verfasste er 1803 die „Regeln für Schauspieler“ und bereits fünf Jahre zuvor wurde auf sein

011we-ms

Anraten hin der Innenraum des Theaters vergößert und im klassizistischen Stil würdevoller gestaltet.

Zur Eröffnung im Jahr 1791 wurde August Wilhelm Ifflands Schauspiel „Die Jäger" gegeben, nach dem Umbau stand Schillers „Wallensteins Lager" auf dem Programm. Werke von Shakespeare und Lessing sowie Opern von Mozart wurden ebenfalls aufgeführt. Bis 1817 gab es über 4800 Vorstellungen, also rund 300 pro Jahr. Doch nicht nur deren große Zahl begründete den Ruhm des Hauses, auch deren hohe Qualität. Der Dichter Jean Paul meinte: „Gegen das neue Theater (in Weimar) sind die anderen deutschen nur Kulissen."

Gabriele Reuter und Ibsen in Weimar

Fragt man nach bekannten deutschen Autorinnen, so mögen viele Namen fallen, Gabriele Reuter (1859–1941) ist jedoch vermutlich nicht darunter. Wohlgemerkt heutzutage. Zu ihren Lebzeiten wurden ihre Werke, die auch die aufkommende Frauenbewegung thematisierten, geradewegs „verschlungen", darunter Bestseller wie „Aus guter Familie" (1895) und „Ellen von der Weiden" (1900).

Reuter wohnte von 1879 bis 1890 als junge Schriftstellerin zusammen mit ihrer Familie und später erneut als altersweise Frau in Weimar. In „Vom Kinde zum Menschen. Die Geschichte meiner Jugend" (Berlin 1921) berichtet sie vom Weimar in der nachklassischen Zeit und dem Problem, dass die Stadt drohte, „in Kulturfragen hinter Berlin zurückzubleiben". Da lag es nahe, „den unheimlichen Neuling und geistigen Revolutionär" Henrik Ibsen (1828–1906), den sie persönlich kannte, in Weimar auf die Bühne zu bringen. Der „Befehl von oben erging" und es wurden für Deutschland die Rechte an der Erstaufführung der „Frau vom Meere" erworben. Gabriele Reuter wusste anschließend von der 1889 aufgeführten Inszenierung zu berichten: „Der Erfolg war stark und ehrlich. Man war gefangen von dem Menschenfischer – gerade dieses Drama konnte man verstehen in einer Stadt, wo viel Geistiges sich nach Befreiung sehnte, und doch von Liebespflichten gehalten in ernster Selbstverantwortung freiwillig in der Enge aushielt. In mir rührte es alle tiefsten und geheimsten Kämpfe auf."

Der Erfolg beim Publikum war gewaltig, doch hegte die Theater-Intendanz eine gewisse Animosität gegen den Norweger und so drohte das Stück schnell wieder in Vergessenheit zu geraten. Selbst als Ibsen höchstpersönlich seinen Besuch in Weimar ankündigte, war man nicht gewillt, das Repertoir zu ändern, und verfügte zunächst, es möge wie geplant „Die Maus" von Pailleron aufgeführt werden. Dass es am Ende nicht dazu kam, ist Gabriele Reuter zu verdanken, die standhaft für Weimars Ehre zu Felde zog und eine ehemalige Geliebte Großherzog Carl Alexanders für sich gewinnen konnte, die wiederum beim Regenten ein gutes Wort einlegte.

Obgleich nun im Übereifer die Schauspieler bei der Verkörperung ihrer Rollen etwas dick auftrugen, gefiel es dem Meister. Auf Nachfrage eines Mimen erwiderte Ibsen: „Ich habe mir etwas ganz anderes gedacht – aber es war interessant zu sehen, was Sie aus dem Charakter gemacht haben." Der Norweger wusste künstlerische Freiheit offenbar zu schätzen.

Mit dem Engagement **Maria Pawlownas** und der Hofkapellmeister **Nepomuk Hummel, Franz Liszt** und **Richard Strauss** erlebte das Haus Mitte und Ende des 19. Jahrhunderts mit Schwerpunkt auf dem Musiktheater eine weitere künstlerische Blütezeit. Richard Wagners „Lohengrin" wurde am 101. Geburtstag Goethes im Jahr 1850 uraufgeführt. 1876 folgte erstmals der gesamte „Faust".

Um die Jahrhundertwende endete die glanzvolle Zeit des Theaters zunächst. Eine Modernisierung und geistige Neuausrichtung der Spielstätte hin zu einem Mustertheater für avantgardistische Stücke und die Gründung einer Festspielreihe nach Bayreuther Vorbild scheiterten. Die konservativen Kräfte konnten sich durchsetzen.

Als das Haus den Anforderungen nicht mehr genügte, kam es 1907 zum **Abriss.** Nach kurzer Bauzeit konnte schon ein Jahr später ein **neues Theater** eingeweiht werden. Die Inszenierungen entsprachen ganz dem Geschmack des konservativen Bildungsbürgertums. Es war daher nur folgerichtig, dass der Bühne 1919, nach Abdankung Kaiser Wilhelms II. und Ausrufung der Republik, der Status des **Deutschen Nationaltheaters** verliehen wurde. Im gleichen Jahr tagte im Saal die **Nationalversammlung,** die hier die erste demokratische Verfassung der noch jungen **Weimarer Republik** verabschiedete (s. S. 111).

Leider sollten diesem geschichtlichen Höhepunkt viele Jahre des kulturellen Niedergangs folgen. Eingeleitet wurde er mit Parteiversammlungen der **Nationalsozialisten,** der Gründung der Hitlerjugend im Jahr 1926 in Weimar und der Proklamierung eines „judenfreien" Theaters. Trauriger Höhepunkt war die Umnutzung des Gebäudes zur **Rüstungsfabrik** im Jahr 1944. Am 9. Februar 1945 wurde das Haus, abgesehen von Teilen der neoklassizistischen Fassade, in Schutt und Asche gelegt. Drei Jahre später, am 28. August 1948, dem 199. Geburtstag Goethes, erfolgte die Wiedereröffnung. Der Innenraum wurde im **Stil der Neuen Sachlichkeit** gestaltet. In der Wandelhalle im Obergeschoss sind zwei Wandmalereien von Sascha Schneider und Ludwig von Hofmann (1908) erhalten.

Zu Beginn der 2000er-Jahre erfolgte die Rekonstruktion der **Fassade,** die nun wieder ihre Gestalt aus dem Jahre 1908 hat. Der mit bronzenen Wasserspeiern in Löwengestalt verzierte Vorbau ruht auf sechs Säulen dorischer Ordnung. Den oberen Fassadenabschnitt prägen hingegen Pilaster, in die Wand eingelassene Pfeiler mit einem ionischen, widderkopf- und girlandenverzierten Kapitell als Abschluss. Gedenktafeln an den Seiten erinnern an prägende Ereignisse des Hauses. Eine von **Walter Gropius** gestaltete Platte erinnert unter anderem an die Gründung der Weimarer Republik.

Mit heute über 600 Veranstaltungen pro Jahr zählt das Nationaltheater Weimar zu den großen Bühnen Deutschlands. Am 25. Oktober 1990 tagte im Haus der erste Thüringer Landtag.

Steht man vor dem Gebäude, so mag es verwundern, dass der **Theaterplatz** so unscheinbar und wenig repräsentativ erscheint. Ein Grund dafür ist gewiss, dass das Theater einst am Stadtrand, in ländlicher Umgebung, erbaut wurde. Der Platz vor dem Theater erhielt erst nach und nach eine recht wahllose, teils lückenhafte Randbebauung und wirkt daher heute wie ein städtebauliches Zufallsprodukt.

- Bus: alle Linien bis Goetheplatz
- Deutsches Nationaltheater und Staatskapelle Weimar, Theaterpl. 2, www.nationaltheater-weimar.de, Tel. 755334

3 Haus der Weimarer Republik ★ [C4]

Das HDWR, so lautet die offizielle Abkürzung für das Haus der Weimarer Republik, zeigt eine Ausstellung, die sich mit der **ersten demokratischen Zeit Deutschlands** zwischen 1919 und 1933 beschäftigt. Das Gebäude diente früher als Wagenremise und ab dem Ende des 18. Jh. als Kulissenhaus für das gegenüberliegende Theater. Bis 2019 beheimatete es das Bauhaus-Museum und Ende Juli 2019 zog dann anlässlich des 100. Gründungsjubiläums der Weimarer Republik das **Forum für Demokratie** ein. Außer der modern gestalteten Dauerausstellung sind auch Lesungen, Workshops und Diskussionsrunden zu erleben.

Hinter dem Museum ist eine optisch nicht sehr ansprechende Freifläche zu finden. Bis in das 18. Jahrhundert hinein war hier das zur Zeit der Reformation aufgelöste Franziskanerklosters zu finden. 1753 wich der Bau dem Zeughaus, das 1945 durch Bomben zerstört wurde. Geplant ist, das Haus der Weimarer Republik in Richtung des Zeughofquartiers zu erweitern. Einen konkreten Bebauungsplan gibt es jedoch noch nicht.

- Bus: alle Linien bis Goetheplatz
- Theaterpl. 1, www.hdwr.de, geöffnet: Apr.–Okt. tgl. 9–19, Nov.–März Di–So 10–17 Uhr, Eintritt: 6 €, ermäßigt 4 €, bis 14 Jahre kostenlos

4 Wittumspalais ★★ [C4]

Nachdem **Herzogin Anna Amalia** die Regierungsgeschäfte an ihren Sohn Carl August übertragen hatte, suchte sie einen geeigneten repräsentativen Wohnraum. Da ihr das Stadtschloss nach einem großen Brand (1774) nicht mehr zur Verfügung stand, fiel ihre Wahl auf das Wittumspalais, das der Minister und **Freiherr Jakob Friedrich von Fritsch** (1731–1814) im Jahr 1767 erbauen ließ. Er stimmte dem Ansinnen der Regentin a. D. zu und verkaufte ihr das Haus für die durchaus üppige Summe von **20.100 Reichstalern**, was heute mehreren Millionen Euro entspräche. Zum Vergleich: Geheimrat Goethe verdiente 3000 Taler pro Jahr, Schiller als Geschichtsprofessor 200 und ein Beamter rund 100 Taler.

Die ältesten in den Neubau integrierten Gebäudeteile sind an der Ost- und Südseite des Hofes zu finden

012we-ms

Die Fassade des Wittumspalais in Richtung Theaterplatz

und datieren teilweise aufs 16. Jh. Es handelt sich um Teile eines ehemaligen Franziskanerklosters, einer Färberei und eines Kornhauses. Den modernen Teil zieren unter anderem Putten (Engelsgestalten) auf dem Dach. Das Innere gibt einen hervorragenden Einblick in **das Leben und die herzogliche Wohnkultur im 18. Jh.** Um die Ausgestaltung kümmerte sich Herzogin Anna Amalia persönlich. Am prunkvollsten zeigt sich der **Festsaal,** der mit illusionistischer Architekturmalerei von Adam Friedrich Oeser (1717–1799) ausgestaltet ist, die auf die Ideenwelt und das Wirken Anna Amalias Bezug nimmt. Im hohen Deckengewölbe schweben Athena und Physis, die Urgöttin der Natur, durch die Wolken, begleitet von Putten. Das Himmelszelt durchbrechen am Rand die drei Grazien, Töchter des Zeus und der Eurynome. Sie stehen symbolisch für Anmut, Schönheit und Festesfreude und tragen die Namen Euphrosyne („Frohsinnige"), Thalia („Blühende/Festfreudige") und Aglaia („Glänzende/Strahlende").

Besonders interessant ist auch das **Tafelrundenzimmer.** Hier trafen sich Adlige und Bürger, Gelehrte und Künstler Weimars auf Einladung Anna Amalias zum geselligen Beisammensein und um über Fragen der Kultur und der Naturwissenschaft zu diskutieren.

Zu besichtigen sind auch **Anna Amalias Wohn- und Arbeitsräume,** in denen sie musizierte, komponierte und malte, u.a. der Grüne Salon und das Zeichenzimmer. Die Herzogin lebte 33 Jahre lang im Wittumspalais.

› Bus: alle Linien bis Goetheplatz
› Am Palais 3, www.klassik-stiftung.de, Tel. 545400, geöffnet: Sommer Di–So 10–18, Winter Di–So 10–16 Uhr, Eintritt: 7 €, unter 16 J. kostenlos, Führung 3 €

Weimarer Farben

Idealtypisch für den Klassizismus (1770–1840) war ein schlichtes Marmorweiß. Farbe wurde mehr oder weniger als redundant betrachtet. Doch spätestens um 1800 herum sollte sich der Blickwinkel ändern, nicht zuletzt durch Goethe und seine 1810 veröffentlichte „Farbenlehre", der die zwischen 1791 und 1792 veröffentlichten „Beiträge zur Optik" vorausgingen. Farben wurden nicht nur von einem wissenschaftlichen Standpunkt aus betrachtet, es wurden ihnen auch eine ästhetische Komponente und die Wirkung auf die menschliche Psyche zugesprochen. Fast folgerichtig weicht die klassizistische Farbgebung Weimars vom Marmorweiß ab. Gelbe bis ockerfarbene Töne sind am Goethehaus 9, dem Schillerhaus 7, dem Stadtschloss 16 und der Herzogin Anna Amalia Bibliothek 12 zu finden. In den Innenräumen reicht die Palette von Grün über Blau bis hin zu Rosa. Paradebeispiel ist hier wieder das Goethehaus, aber auch das Wittumspalais 4 kann für eine moderne Wohnraumgestaltung inspirierend sein.

5 Donndorfbrunnen ★ [C4]

Über die Straße Am Palas und die Geleitstraße erreicht man vom Wittumspalais 4 aus einen hübschen Platz, in dessen Mitte der Donndorfbrunnen steht. Das Original des Brunnens befindet sich am New Yorker Union Square. Die 1895 geschaffene Weimarer Kopie ist ein Geschenk des Bildhauers **Adolf von Donndorf** (1835–1916) an seine Heimatstadt wie die Bronzetafel verkündet: „Mei-

013we-ms

Der Donndorfbrunnen 5 nahe dem Wittumspalais 4

ner Vaterstadt in Liebe und Dankbarkeit gewidmet“. Die Bronzefigur stellt eine Wasser holende Mutter mit zwei Kindern dar. Der Platz, an dem sich auch das kuriose **Schirmmuseum** (s. S. 92) samt Schirmgeschäft befindet, ist im Licht der Abendsonne besonders fotogen.

Gegenüber dem Brunnen steht das Gebäude des 1483 gegründeten **ehemaligen Franziskanerklosters.** In ihm übernachtete 1518 Martin Luther. Nach der Reformation diente das Haus als Kornspeicher und seit 1872 als Musikschule.

30 Meter südlich des Donndorfbrunnens zweigt die stilvoll sanierte **Windischenstraße** mit ihren kleinen Läden und Cafés ab, die zum **Markt** 14 führt. Viele der Häuser der Straße stammen aus der Zeit des Barock (u. a. Nr. 33). In der Hausnummer 8 lebte von 1799 bis 1802 **Friedrich Schiller.**

› Bus: alle Linien bis Goetheplatz
› Rittergasse/Ecke Geleitstraße

6 Schillerstraße ★ [C4]

Wo heute die Schillerstraße, die ursprünglich den Namen Esplanade trug, verläuft, befand sich einst der **Zwinger**, ein Freiraum zwischen der äußeren und der inneren Stadtmauer. Hier lagen die Teiche der Färber und Tuchmacher. Nach dem Abtragen der Stadtbefestigung Mitte des 18. Jh. wurde die Esplanade angelegt: Hier sollte die feine Gesellschaft der Stadt flanieren und sich zeigen können. Besonders Herzogin Anna Amalia machte von dieser Möglichkeit regen Gebrauch.

MEIN TIPP

Schirmmuseum

Egal ob die Sonne brennt, es tröpfelt oder Regen sintflutartig auf die Erde strömt, ein Schirm ist immer eine gute Wahl. Dass dieser qualitativ auch den Ansprüchen des Nutzers gerecht wird, dafür sorgt **Schirmmachermeisterin Annelies Pennewitz** in ihrem Geschäft in der Rittergasse 19. Ihre Schirmproduktion begann nach der Wende, da zuvor die Herstellung des Wetterschutzes einer Firma in Karl-Marx-Stadt, heute Chemnitz, vorbehalten war.

Auf eine Reise durch die Geschichte des Schirms kann man sich im angeschlossenen **Schirmmuseum** (s. S. 92) begeben, wo man auch „Modische Dinger zum Knicken“ (Goethe) entdecken wird. Ausgestellt sind zudem Papierschirme aus China, wo der tragbare Regenschutz vermutlich vor rund 4000 Jahren erfunden wurde. Dort, wie auch noch lange Zeit in unseren Gefilden, war der heutige Alltagsgegenstand nur Adeligen, Herrschern und Regenten vorbehalten. Den Weg zum Massenprodukt ebneten erst die Französische Revolution und der Wegfall einer strengen Kleiderordnung.

Weimarer Brunnen

Gerade an warmen Sommertagen weiß man es in Weimar zu schätzen, dass man sich nicht nur an vielen Stellen an der kühlen, im Thüringer Wald entspringenden Ilm erfrischen kann, sondern auch an nicht weniger als 30 Brunnen. Man findet sie an verschiedenen Stellen der Stadt, am Markt und auf dem Frauenplan, ebenso in der Schillerstraße und in einigen Parks.

Nachdem man im 17. Jahrhundert fünf im Vergleich zur Stadt etwas erhöht liegende Quellen ausfindig gemacht hatte, wurde mit dem Bau von Auffangbecken und Röhrensystemen begonnen. Die aus ausgehöhlten Fichtenstämmen bestehenden Leitungen führten das wichtige Nass zu diversen Brunnen. Die wohl bekanntesten von ihnen stiftete Großherzogin Maria Pawlowna in den Jahren 1847 und 1848. Sie sind alle mit dem Monogramm „MP" versehen.

Der muschelartig gerippte Muschelbrunnen ist im Weimarhallenpark [40] zu finden, der vom Berkaer Steinmetzen Carl Dornberger geschaffene Delphinbrunnen hingegen etwas außerhalb, im Park Belvedere [48]. Ein auf einer mit Schilfkolben verzierten Säule stehender Löwe ziert den 5 m hohen Löwenbrunnen, der in der Straße Am Graben zu finden ist. Der Löwe hält zwischen seinen Vorderpfoten das Wettiner Wappenschild.

Weitere Wasserspender sind der Brunnen am Haus der Frau von Stein [11], der Theaterbrunnen (Sophienstiftsplatz) und der Geleitbrunnen (Ecke Geleitstraße/Scherfgasse).

Doch nicht nur die „PW-Brunnen" sind eine Zierde der Stadt. Weitere markante Brunnen sind der Ildefonso-Brunnen am Roten Schloss (s. S. 33), der Neptunbrunnen auf dem Markt [14], der Donndorfbrunnen [5], der Gänsemännchenbrunnen in der Schillerstraße [6], der Herderbrunnen auf dem Herderplatz [27] und natürlich der Goethebrunnen auf dem Frauenplan [8]. Ins Reich der Tiere führt der schlicht gestaltete Froschbrunnen in der Steubenstraße/Ecke Gropiusstraße. Er wurde um 1910 vom Bildhauer Arno Zauche aus Muschelkalk geschaffen.

015we-ms

Der Ildefonso-Brunnen

014we-ms

Der Gänsemännchenbrunnen in der Schillerstraße

Im 19. Jahrhundert wurde die Allee mehrfach umgestaltet, sodass aus der Anfangszeit nur noch Schillers Wohnhaus 7 erhalten ist. Die seit 1853 den Namen Schillerstraße tragende Promenade ist heute eine **Fußgängerzone**, die durch die dichten Baumkronen gerade im Sommer etwas düster wirkt. Wochentags herrscht hier reges Treiben, wobei die interessantesten Läden der Stadt, wie der GinkgoShop (s. S. 100), eher in den kleinen Nebenstraßen zu finden sind. Es dominiert eine Mischung aus größeren Ketten, kleineren Shops mit stilistisch durchwachsenem Sortiment und Buchhandlungen. Im Vergleich mit anderen kaufkraftschwachen ostdeutschen Kleinstädten ist das Angebot trotzdem recht attraktiv und vielfältig. Inmitten des Trubels sind das **Weimar Haus** (s. S. 92), ein spannend gestaltetes privates Geschichtserlebnismuseum, und das Schillerhaus zu finden.

Direkt gegenüber von Schillers Wohnhaus steht der **Gänsemännchenbrunnen**, einer von rund 30 Laufbrunnen der Stadt. Im Grunde hat das Gänsemännchen nichts mit Weimar zu tun, sondern mit Nürnberg, wo einst ein Bauer seine Gänse zum Markt brachte, um sie dort zu verkaufen. Den Gänsen „schwante" jedoch nichts Gutes und sie begannen lauthals zu schnattern. Der Bauer erbarmte sich und nahm die Tiere kurzerhand wieder mit nach Hause. In Erinnerung an diese Legende schuf man in Nürnberg einen Brunnen, den Goethe bei einer Reise entdeckte. Beeindruckt ließ er sich einen Abdruck des sogenannten „Entenmanns" zukommen. Eine weitere Kopie erhielt 1846 Großherzogin Maria Pawlowna. Entsprechend ihres testamentarischen Wunsches wurde schließlich 1863/1864 der gesamte Brunnen in Weimar nachgebaut.

› Bus: alle Linien bis Goetheplatz

7 Schillers Wohnhaus und Schiller-Museum ★★★ [C4]

Das Schillerhaus gibt einen einmaligen Einblick in das Leben des berühmten Dichters und die Welt des späten 18. bis frühen 19. Jahrhunderts.

1787 reiste Friedrich Schiller (1759–1805) das erste Mal nach Weimar. Hier traf der ausgebildete Medikus und passionierte Dichter zum ersten Mal auf **Johann Gottfried Herder** und **Christoph Martin Wieland. Goethe** hingegen befand sich gerade auf seiner Italienreise. Doch obwohl er nicht anwesend war, waren sein Geist und sein Einfluss überall in der Stadt spürbar. Diese extreme Dominanz fand Schiller befremdlich. Auch ein erstes Zusammentreffen mit Goethe am 7. September in Rudolstadt verlief wenig harmonisch – Goethe wirkte auf Schiller arrogant und unnahbar. Die Distanz schwand erst, als Schiller Goethe im Juni 1794 bat, an der Kulturzeitschrift „Die Horen" mitzuwirken. Als dieser einwilligte, entwickelte sich eine Freundschaft, die zwar von unterschiedlichen Ansichten geprägt war, deren positive Grundspannung allerdings auf beide inspirierend wirkte. Schiller beschrieb dies so: „Ein jeder konnte dem anderen etwas geben, was ihm fehlte, und etwas dafür empfangen." Allein Goethes eher lockeren Lebenswandel konnte der „Familienmensch" Schiller nicht akzeptieren, wohingegen Schillers Leidenschaft für Tabak und Kartenspiel regelmäßig Goethe erzürnte.

In den Folgejahren wandte sich Schiller verstärkt der Dichtung zu und **siedelte 1799 mit seiner Familie nach Weimar über,** wo er Mitarbeiter am Theater wurde. Wohnhaft war er zunächst in der Windischenstraße, da er jedoch in der Mietwohnung nicht die nötige Ruhe zum Arbeiten fand, nährte das den Wunsch nach eigenem Grund und Boden. Nachdem er 1802 von Herzog Carl August geadelt worden war und somit ein höheres Gehalt bezog, erwarb er für 4200 Reichstaler ein Haus an der ehemaligen Esplanade (heutige Schillerstraße). Hier traf er sich nun fast täglich mit Goethe zum Gedankenaustausch und gemeinsamen Arbeiten. Als Schiller im Februar 1805 schwer an Tuberkulose erkrankte und kurze Zeit später, am 9. Mai, starb, versank Goethe in tiefe Trauer. In einem Brief an den Komponisten Carl Friedrich Zelter schrieb er, er habe nicht nur einen Freund verloren, sondern „die Hälfte meines Daseins“.

Schillers Wohnhaus wird seit 1847 als **Gedenkstätte** genutzt. 1988 wurde ein **Museum** hinzugefügt, in dem Sonderausstellungen zum Leben und Werk Schillers gezeigt werden. Über den Museumsanbau gelangt man in das eigentliche Wohnhaus. Das Erdgeschoss umfasst Hausflur, Küche und Dienerzimmer, die erste Etage das Wohnzimmer, die Räume von Schillers Frau Charlotte und das Schlafzimmer der Töchter. Besonders interessant sind die drei Mansardenzimmer: Sie präsentieren sich heute noch genauso wie zu Lebzeiten des Dichters. Da Schiller meist nachts arbeitete und tagsüber ruhte, zog er sich gern in diese Räume zurück, um ungestört zu sein. Am Schreibtisch, der im Original erhalten ist, vollendete er im Kerzenschein u. a. „Wilhelm Tell“. Ebenfalls zu besichtigen sind die Wohn-, Empfangs- und Gesellschaftszimmer.

Kräftige Farbwahl: das Schillerhaus

016we-ms

Die vielen originalen Einrichtungsgegenstände wurden nach dem Verkauf des Hauses durch Schillers Kinder zunächst veräußert, konnten aber zum großen Teil im Laufe der Jahre zurückerworben werden.

Das Museum umfasst zudem eine **Besucherwerkstatt** für Kinder und Familien, wo mit Farben und Stilen experimentiert werden darf.

› Bus: alle Linien bis Goetheplatz

› Schillerstr. 12, www.klassik-stiftung.de, Tel. 545400, geöffnet: Ende März–Ende Okt. Di–So 9.30–18, Ende Okt.–Ende März Di–So 9.30–16 Uhr, Eintritt: 8 €, unter 16 Jahren gratis. Führungen Mi, Fr, Sa 13 Uhr, Kinderführung Sa 14 Uhr, Führungsgebühr 3 €, erm. 1 €. Auf der Website kann ein Audio-Guide (auch für Kinder) heruntergeladen werden.

Das Weimarer Viergestirn und die Weimarer Klassik

Die Zeit des gemeinsamen Wirkens des „Viergestirns" Johann Wolfgang von Goethe, Friedrich Schiller, Johann Gottfried Herder und Christoph Martin Wieland in Weimar wird als Weimarer Klassik bezeichnet. Drei Säulen bilden die Grundlagen des gemeinsamen Schaffens: Kultur, Wissenschaft und Religion.

Alles begann damit, dass die verwitwete Herzogin Anna Amalia von Sachsen-Weimar-Eisenach Christoph Martin Wieland an ihren Hof rief, um ihren beiden Söhnen Wissen und Benehmen zu vermitteln. 1775 folgte ihm der damals 26-jährige Johann Wolfgang von Goethe als Hauslehrer des nur acht Jahre jüngeren Herzogs Carl August nach. Dieser wiederum zeichnet dafür verantwortlich, dass Johann Gottfried Herder und Friedrich Schiller ebenfalls ihren Lebensmittelpunkt nach Weimar verlagerten.

Die Bezeichnung „Weimarer Klassik" entstand erst nach dem Ableben der Protagonisten im Verlauf des 19. Jahrhunderts. Grundlage einer etwas weiter gefassten Definition des Begriffs sind Übereinstimmungen im literarischen Schaffen. Demnach endet die Epoche mit dem Tod Goethes im Jahr 1832. Eine zweite, deutlich enger gefasste Deutung umreißt eine lediglich elfjährige Periode, die mit Schillers Ableben im Jahr 1805 endet. Auch wenn das Ende der klassischen Zeit in Weimar unklar ist, als Beginn wird allgemein das Jahr 1786 angesehen, als Goethe von seiner ersten Italienreise zurückkehrte.

Die Literatur der Weimarer Klassik hatte ihren Ursprung in den Idealen der Französischen Revolution (Freiheit, Gleichheit und Brüderlichkeit) und den oftmals zum Scheitern verurteilten Anstrengungen, diese durchzusetzen. Bezug wurde zudem auf die Literatur der Zeit des Sturm und Drang (1765 bis 1785) genommen. Es wurde versucht, den in der Epoche der Aufklärung (1650 bis 1800) immerfort gärenden Wertekonflikt zwischen Vernunft und Gefühl, der besonders in Goethes „Die Leiden des jungen Werther" zum Ausdruck kommt, aufzulösen. Antike Kunstideale wie Vollkommenheit, Harmonie und Humanität rückten in den Mittelpunkt. Kunst und Literatur sollten den Menschen reifen, ihn menschlicher und vor allem toleranter werden lassen. Ziel war durchaus eine gesellschaftliche Veränderung, die jedoch durch eine quasi evolutionäre Entwicklung des in sich selbst ruhenden Men-

8 Frauenplan ★★ [D4]

Der lebendige Altstadtplatz befand sich einst vor den Toren der Stadt. Sein Name erinnert an die schon im 16. Jahrhundert verfallene Kapelle Zu unserer Lieben Frau, wobei Plan ein altdeutsches Wort für Platz ist. Nachdem die Stadtmauer beseitigt war, wuchs die Stadt in Richtung Süden. Der Platz wurde gepflastert und vom Architekten Clemens Wenzeslaus Coudray **im Stile des Klassizismus umgestaltet.** Es wurde u.a. 1821 ein Brunnen angelegt, der **Goethebrunnen** genannt wird, obwohl er die Initialen des Großherzogs Carl August trägt. Im Prinzip ist das aber

schen hervorgerufen werden sollte und nicht durch gewalttätigen revolutionären Umsturz.

Gewissermaßen als Gegenbewegung zur Weimarer Klassik etablierte sich die Romantik, die eine Abwendung von der Antike und den klassischen Vorbildern konzipierte und sich der eigenen, deutschen Sagen- und Mythenwelt zuwandte und die Vergänglichkeit des Lebens thematisierte.

Wichtige Werke sind:

- **Christoph Martin Wieland:** „Dschinnistan oder auserlesene Feen- und Geistermärchen, teils neu erfunden, teils übersetzt und umgearbeitet“ (1786–1789), „Aristipp und einige seiner Zeitgenossen“ (1800–1802)
- **Johann Wolfgang von Goethe:** „Egmont“ (1775–1788), „Wilhelm Meisters Lehrjahre“ (1795/1796), „Faust“ (Teil I und II, 1773–1831)
- **Johann Gottfried Herder:** „Ideen zur Philosophie der Geschichte der Menschheit“ (1784–1791)
- **Friedrich Schiller:** „Der Taucher“ (1797), „Die Kraniche des Ibykus“ (1797), „Die Bürgschaft“ (1798), „Wallenstein“ (Trilogie, 1799 vollendet), „Wilhelm Tell“ (1803/1804)

MEIN TIPP

Versunkener Riese

Es ist lobenswert, wenn eine Stadt den eigenen Künstlern Raum und Platz bietet. In Weimar sind daher an zwei Stellen die Werke von **Walter Sachs** (*1954) zu sehen. Am Frauenplan 8, nahe dem Goethehaus 9, ruht der **„Versunkene Riese“.** Seine Gestalt ist von eher dunkler Natur, denn er ist aus dem vulkanischen Gestein Pikrit gearbeitet, sein Gemüt scheint jedoch hell. Ein wenig versonnen beobachtet er in der Erde ruhend das rege Treiben auf dem Platz und erträgt stoisch so manches kletternde Kind.

Auch das Wasserspiel **„Spucken und Schlucken“** in der Ferdinand-Freiliggrath-Straße [D2/3] ist ein Entwurf von Walter Sachs. Das Thema ist: „Schwester Eloquentia belehrt ihre Brüder“. Den Wortschwall symbolisiert das Wasser.

017we-ms

logisch, befindet er sich doch genau gegenüber dem **Goethehaus** 9 und wusste mit seinem Wasser schon den Geheimrat höchstpersönlich zu erquicken. Die Eisenplatten des Brunnens ziert eine von einem Blätterkranz umgebene trinkende Schlange, als Symbol für ewige Jugend und Unsterblichkeit. Das Wasser speit ein Delfin mit Neptun-Dreizack in das Becken.

Neben dem Goethehaus gibt es weitere sehenswerte Häuser am Frauenplan. Das ehrwürdige **Gasthaus Zum Weißen Schwan** (s. S. 94) gilt als ältestes Gebäude am Platz und wurde erstmals im 16. Jahrhundert erwähnt. Neben Schiller, Liszt und Böcklin war hier selbstverständlich auch Goethe oft zu Gast. Über sein Lieblingsrestaurant wusste er augenzwinkernd zu berichten: „Der weiße Schwan empfängt Dich jederzeit mit offenen Flügeln."

Direkt an das Goethehaus schließen sich die barocken **Vulpiushäuser** an (Nr. 3 und 4). Bevor die Witwe von Goethes Schwager Christian August Vulpius dort einzog, waren sie die Arbeitsstätte eines Leinewebers. Das Rattern seiner Webstühle brachte

Johann Peter Eckermann – Goethes rechte Hand

Hätte es Johann Peter Eckermann (1792–1854) nicht gegeben, wären vielleicht so manche Werke Goethes postum nie erschienen. Und dass der zweite Teil des „Faust" niedergeschrieben worden wäre, darf ebenso bezweifelt werden. Als Dichter nur wenig geachtet, erwarb sich Eckermann als Hauptherausgeber des literarischen Nachlasses des Geheimrats einen Namen. Schon zu Lebzeiten wusste Goethe über seinen „treuen Haus- und Studienfreund" zu berichten: „Eckermann schleppt, wie eine Ameise, meine einzelnen Gedichte zusammen; ohne ihn wäre ich nie dazu gekommen."

Doch nicht nur als „Seelenfreund" Goethes wurde Eckermann bekannt. Seine 1836 in zwei Bänden erschienene Niederschrift „Gespräche mit Goethe in den letzten Jahren seines Lebens" erregte ebenso Aufmerksamkeit. Allerdings nicht nur positive. Friedrich Nietzsche urteilte: „Wenn man von Goethes Schriften absieht und namentlich von Goethes Unterhaltungen mit Eckermann, dem besten deutschen Buche, das es gibt: was bleibt eigentlich von der deutschen Prosaliteratur übrig, das es verdiente, wieder und wieder gelesen zu werden?" Weniger gnädig war Heinrich Heine, der Eckermann vorwarf, Goethe stets und ständig nach dem Mund zu reden. „Auf der Grenze des Lächerlichen steht in dieser Hinsicht einer, namens Herr Eckermann, dem es übrigens nicht an Geist fehlt."

Letzten Endes mag man über Eckermann urteilen, wie man will. Sein Gedicht über die kleine, große Stadt Weimar birgt jedenfalls Charme und viel Wahrheit in sich.

Weimar

Glücklich Weimar! – Von den Städten allen
Bist du, kleine, wunderbar bedacht;
Man wird stets zu deinen Toren wallen
Angezogen von der heil'gen Macht;
Und man wird nach großen Männern fragen
Die in schönen Zeiten hier gestrebt
Und mit edlem Neid wird man beklagen
Dass man mit den Edlen nicht gelebt.

Goethe zeitweise schier zur Verzweiflung. Er zog sich dann gerne in sein Gartenhaus 18 zurück. Direkt gegenüber der Vulpiushäuser, in der Nummer 8, wohnte der Maler **Max Liebermann** (1847–1935), als er in Weimar studierte. Nebenan steht der **Schallersche Erbenhof**, eine dreiflügelige Hofanlage, die zu Beginn des 18. Jahrhunderts errichtet wurde. 1847 erfolgten der Anbau des Haupthauses und der beiden Treppenhäuser.

Der Frauenplan ist ideal für eine kleine Pause. Unter der weinumrankten Pergola laden Bänke zum Verweilen ein und Kinder können auf der 1992 von Walter Sachs geschaffenen Plastik **„Versunkener Riese“** (s. S. 25) herumturnen. Zudem gibt es einige **Biergärten** und **Restaurants.**

Vom Frauenplan aus lohnen einige Abstecher. Der erste führt zum sanierten **Wielandplatz** [C/D5]. Diesen ziert das überlebensgroße, von Hanns G. Gasser (1817–1868) geschaffene **Bronzemonument Wielands** aus dem Jahre 1857. Der Schriftsteller und Übersetzer wohnte nicht weit entfernt in der Marienstraße 1.

Ein zweiter Abstecher führt zum **Historischen Friedhof** 24 mit den Gräbern Goethes und Schillers. Auch ein Besuch der **Brauhausgasse** [C4] lohnt sich. Hier befinden sich das Eckermann-Haus (Nr. 13), in dem Goethes Sekretär, **Johann Peter Eckermann,** wohnte (s. S. 26), und die dreiflügelige Hofanlage des ehemaligen **Bernstorffschen Palais.** In dem erstaunlich schlichten barocken Haus aus dem 18. Jahrhundert sind heute ein Hotel und ein Restaurant beheimatet.

Über die Frauentorstraße gelangt man zum **Markt** 14. Unterwegs ist das historische Gebäude mit der Hausnummer 1 beachtenswert. Es wurde bereits 1620 erbaut und stand bis zum 18. Jahrhundert am alten Frauentor. An der Stelle des Stadttores befindet sich heute ein 1903/1904 erbautes Bankgebäude.

› Bus: 1, 5, 6, 8 bis Wielandplatz

9 Goethes Wohnhaus und Goethe-Nationalmuseum ★★★ [D5]

Das Goethehaus ist zweifellos eine der bedeutendsten Sehenswürdigkeiten Thüringens. An keinem anderen Ort ist die Gedanken- und Ideenwelt Johann Wolfgang von Goethes (1749–1832) spürbarer und nachvollziehbarer als hier.

In dem 1709 vom fürstlichen Kammerkommissar und Strumpfhändler Georg Caspar Helmershausen errichteten Haus lebte und arbeitete Goethe fast 50 Jahre lang. 1885 wurde

018we-ms

Blick über den Goethebrunnen auf das Goethehaus

es der Öffentlichkeit zugänglich gemacht. Der Besucher betritt das Anwesen über den kleinen, idyllischen Innenhof zwischen Vorder- und Hinterhaus. Im kleinen Vorführraum wird ein informativer **Film** über die Geschichte des Hauses gezeigt. In der **Remise** kann man Goethes Reisekutsche besichtigen, die er unter anderem für Fahrten nach Großkochberg nutzte (so er nicht ritt oder zu Fuß unterwegs war). Der kleine **Brunnen** diente der Wasserversorgung des gesamten Gebäudes.

Über eine lange Treppe steigt man in die **erste Etage** empor. Die Treppe ließ Goethe bewusst mit flachen Stufen anlegen, da sie sich leichter und gemächlicher erklimmen ließen.

Mein Tipp

Literaturtipp: Lotte in Weimar

Zu den bekanntesten Werken des Lübecker Schriftstellers **Thomas Mann** (1875–1955) zählt der Roman „Lotte in Weimar“. In ihm reist Charlotte Buff, Vorbild für die Lotte in Goethes Werk „Die Leiden des jungen Werther“, im Jahr 1816 nach 44 Jahren erneut nach Weimar. Ihr geheimes Ziel: ein Treffen mit Goethe. In Weimar angekommen, steigt sie im Gasthof Zum Elephanten ab. Goethe reagiert auf das Eintreffen der Dame nicht sehr erfreut: „Konnt' sie sich's nicht verkneifen, die Alte, und mir's nicht ersparen?“

Mann schuf den Roman im amerikanischen Exil, beschreibt jedoch geradezu inbrünstig zahlreiche Details der Stadt und ihrer Gesellschaft. Als der Schriftsteller 1949 anlässlich der Verleihung des Goethe-Preises zum ersten Mal in Weimar weilte, nutzte er die Gelegenheit, das Goethehaus zu besichtigen. Er verglich seine Dichtung mit der Wahrheit und rief am Ende des Rundgangs erfreut aus: „Es stimmt!“

Oben begrüßt den Besucher der in den Boden eingelassene Gruß „Salve“. Über das **Brückenzimmer** gelangt man zunächst in den hinteren Bereich des Hauses mit Großer Stube und dem Wohnzimmer von Goethes Geliebten und späteren Ehefrau **Christiane**, geb. Vulpius. Ein Durchgang führt zurück ins Vorderhaus. Die sich anschließenden Räume sind geschmackvoll mit Gegenständen aus Goethes Sammlungen eingerichtet. Die ästhetisch beeindruckende Raumflucht zeigt, dass die Zimmer **farblich aufeinander abgestimmt** sind. Die Palette reicht dabei, analog zu Goethes Farbenlehre, von Grün über Gelb und Rot bis hin zu Blau, das dem **Junozimmer** vorbehalten ist. Hier empfing Goethe Besucher, man unterhielt sich, diskutierte und musizierte.

Über eine Wendeltreppe gelangt man wieder in das Hinterhaus, wo die im Originalzustand erhaltenen **Arbeitsräume Goethes** liegen, die nur wenige Gegenstände schmücken. Nichts sollte die Konzentration stören. Wie umtriebig, wissbegierig, interessiert und engagiert Goethe war, lässt sich beim Blick in die 7500 Bände umfassende **Privatbibliothek** erahnen. Die Bücher sind unterschiedlichsten Themen gewidmet, was nicht verwundert, sah Goethe sich doch nicht nur als Dichter, sondern auch als Wissenschaftler, Forscher, Stadtplaner und Politiker. Neben der Bibliothek liegen das Arbeitszimmer, in dem Werke wie „Faust“ und „Die Wahlverwandtschaften“ entstanden, und das Schlafzimmer. Hier starb Goethe in den Mittagsstunden des 22. März 1832 im Sessel sitzend. Zuvor soll er angeblich noch die berühmten Worte „Mehr Licht“ gesprochen haben.

Über eine Treppe gelangt man in den schönen **Garten** des Hauses. Diesen nutzte hauptsächlich Christiane, die vor allem Obst und Gemüse zur Selbstversorgung anbaute.

Angeschlossen an das Wohnhaus ist das **Goethe-Nationalmuseum,** das in einem 1913 errichteten Anbau untergebracht ist. Zu sehen ist eine umfassende Ausstellung über den vielseitig interessierten Menschen Goethe und die Weimarer Klassik (s. S. 24) mit dem Titel „Lebensfluten – Tatensturm". Nur nach Voranmeldung einsehbar sind die umfassenden **Grafischen Sammlungen,** die mit 230.000 Werken zu den wichtigsten ihrer Art in Deutschland zählen.

› Bus: 1, 5, 6, 8 bis Wielandplatz
› Frauenplan 1, www.klassik-stiftung.de, Tel. 545400, geöffnet: Ende März–Ende Okt. Di–So 9.30–18, Ende Okt.–Ende März Di–So 9.30–16 Uhr, Eintritt: 13 €, Führungen: 3 €. Es gibt Audioguides und Infomappen und einen Leseraum mit Büchern für Erwachsene und Kinder im EG des Goethehauses.
› Grafische Sammlungen: Di–Fr nach Voranmeldung unter Tel. 545344

10 Seifengasse ★ [D5]

Am Goethe-Nationalmuseum 9 zweigt die Seifengasse ab. Sie erhielt ihren Namen von der Zunft der **Seifensieder,** die hier vor der Stadtmauer ihrer nicht gerade wohlriechenden Arbeit nachgingen und aus Fetten, Ölen und Soda Seife herstellten. Das kleine, hübsche Gässchen wird heute von **farbenfrohen Häusern** flankiert. In das Ensemble fügt sich der Neubau eines aus Holz erbauten Hotels (Familienhotel Weimar, s. S. 129) harmonisch ein.

In der Nähe befindet sich der **Oppelsche Garten** [D4], der samt barockem Pavillon um 1730 angelegt wurde. Benannt ist er nach seinem einstigen Besitzer, Geheimrat Johann Siegmund von Oppel. Heute beherbergt die Anlage das Gartenrestaurant Giardino (s. S. 95).

Eines der ältesten Gebäude der Stadt ist das Haus mit der Nr. 16,

Unterwegs in der charmanten Seifengasse

019we-ms

in dem die traditionsreiche Weimarer **Mal- und Zeichenschule e.V.** untergebracht ist, die einst von Herzog Carl August gegründet wurde. In der Mansarde besaß Goethe eine Zweitwohnung, wo er ungestört arbeiten konnte – eine Alternative zu seinem Gartenhaus ⓲.

› Bus: 1, 5, 6, 8 bis Wielandplatz

⓫ Haus der Frau von Stein ★ [D5]

Am Ende der Seifengasse ⓾ steht das barocke, um 1770 erbaute Haus der Frau von Stein. **Charlotte von Stein** (1742–1827), eine Hofdame Herzogin Anna Amalias, wurde durch ihre Beziehung zu Goethe bekannt. Sie verehrte ihn aufrichtig und lernte ihn 1775 persönlich kennen. Goethe war von der sieben Jahre älteren, mit dem Stallmeister Josias von Stein verheirateten Charlotte fasziniert. Innerhalb von elf Jahren, bis zu seiner überstürzten Abreise nach Italien, schrieb er ihr rund 1700 Briefe und „Zettelgen". Sie war Vorbild für die Titelfigur in „Iphigenie auf Tauris"und zählte zu seinen häufigsten Gästen. Es entwickelte sich eine tiefe Freundschaft, die das Leben beider gleichermaßen befruchtete, später aber auch belastete. Welcher Art ihre Beziehung wirklich war, bleibt bis heute im Dunkeln, ist jedoch immer wieder Anlass für Spekulationen.

Bei der **Dreiflügelanlage** handelt es sich um einen verputzten Fachwerkbau, der durch Umbauten unter Führung des Baumeisters Anton Georg Hauptmann (1735–1803) aus einem Stallgebäude entstand. Die Zimmer wurden über die Jahrhunderte hinweg vielseitig genutzt, unter anderem als Proberäume für das herzogliche Theater. Außderdem hatte der deutsch-russische Chemiker **Alexander Nicolaus Scherer** (1771–1824) hier ein Labor. Die russische **Großfürstin Maria Pawlowna** ließ 1804 einen Raum zu einer russisch-orthodoxen Kapelle umgestalten und zwischen Sommer und Oktober 1921 logierte **Marlene Dietrich** (1901–1992) im Gebäude, das damals eine Pension war.

In der Ackerwand genannten Straße neben dem Haus ist ein von Maria Pawlowna gestifteter **Brunnen** zu finden. Genau wie der Muschelbrunnen, der zuvor an diesem Fleck stand, wurde er von Carl Dornberger aus Sandstein geschaffen. Zu sehen ist ein Muschelbecken und zudem eine mit Delfinen, Seeblättern und Rohrkolben verzierte Säule mit Schale als Abschluss. Der fratzenartige Wasserspeier soll wohl böse Geister fernhalten.

› Bus: 1, 5, 6, 8 bis Wielandplatz

› Eingang: Ackerwand 25–27, **derzeit nicht zu besichtigen, Zeitpunkt der Wiedereröffnung noch ungewiss**

⓬ Herzogin Anna Amalia Bibliothek ★★★ [D4]

An wohl kaum einem anderen Ort wird deutsche Literatur so greifbar wie hier. Im ovalen, zweigeschossigen Rokokosaal traf sich das Viergestirn der Weimarer Klassik – Goethe, Schiller, Wieland und Herder – zum Gedankenaustausch. Hier, zwischen Gemälden, Büsten und über 40.000 historisch bedeutsamen Büchern, kann man den Geist der Geschichte förmlich atmen.

Leider ist nicht mehr alles so erhalten wie zur Glanzzeit der Bibliothek Mitte des 19. Jh., denn in der Nacht vom 2. auf den 3. September 2004 kam es zur größten anzunehmenden Katastrophe: Vermutlich ausgelöst durch einen technischen Defekt, brach im Dachstuhl des Hauses ein

Gold und Silber

Die Glanzzeiten Weimars, das sogenannte „Goldene Zeitalter“ und das „Silberne Zeitalter“ wurden vor allem durch zwei Frauen geprägt: Anna Amalia (1739–1807) und Maria Pawlowna (1786–1859).

Unter Anna Amalia und ihrem Sohn Carl August (1757–1828) konnte sich die Stadt als Ort der Weimarer Klassik etablieren und auch politisch nahm das Herzogtum eine Vorreiterrolle ein. 1816 gab Carl August als erster Monarch Deutschlands seinem Staat eine eigene Verfassung.

Maria Pawlowna ist es zu verdanken, dass Weimar später zum Großherzogtum erhoben wurde. Ihre Ehe mit dem Enkel Anna Amalias, Erbprinz Carl Friedrich von Sachsen-Weimar, wurde in Russland geschlossen und war für die Region von großer politischer Bedeutung, versprach sie doch vor allem Sicherheit. Ein besonderer Schwerpunkt ihrer Politik lag auf der Weiterführung der Förderung der Kunst. So wurde 1842 Franz Liszt zum Kapellmeister berufen. Zudem engagierte sie sich sozial. Unter anderem regte sie die Gründung eines Sparkassenwesens an und sorgte sich um die Probleme der Armen und Schwachen der Gesellschaft.

Im Grunde müsste noch ein drittes, durch eine starke Frau geprägtes, aber bislang namenloses Zeitalter hinzugefügt werden, denn auch Großherzogin Wilhelmina Sophie Marie Luise von Oranien-Nassau (1824–1897) hinterließ in Weimar ihre Spuren. Sie gründete das Goethe- und Schiller-Archiv 33, das sie aus ihrer Privatschatulle bezahlte, eröffnete 1854 die erste höhere Mädchenschule (Sophienstift) und zeigte auch ansonsten viel soziales Engagement. In Eisenach förderte sie den Wiederaufbau der Wartburg.

Das Wirken der Regentinnen hallte noch lange nach und auch in der Folgezeit konnte Weimar ein geistiger Mittelpunkt Deutschlands bleiben, unter anderem durch die Gründung der Großherzoglich-Sächsischen Kunstschule, die später den Rang einer Hochschule erhielt.

Feuer aus. Neben den Schäden am Gebäude, die auch den Rokokosaal betrafen, musste ein Totalverlust von 50.000 Bänden verzeichnet werden. Zum Glück konnten über 60 % des Bestands gerettet werden. 2007 wurde die originalgetreue Rekonstruktion der Bibliothek abgeschlossen.

Das vermutlich wegen seiner ursprünglichen Fassadenfarbe lange Zeit **Grünes Schloss** genannte Haus wurde 1565 als Wohngebäude für Herzog Johann Wilhelm (1530–1573) fertiggestellt. Nachdem die 1692 von Herzog Wilhelm Ernst gegründete Herzogliche Bibliothek auf über 11.000 Bände angewachsen war, zog sie auf Veranlassung Herzogin **Anna Amalias** Mitte des 18. Jh. in das Grüne Schloss um. Die Leitung der seit jeher öffentlich zugänglichen Sammlung übernahm **Goethe** höchstpersönlich. Er veranlasste zudem einen Erweiterungsbau in Richtung des **spätmittelalterlichen Turms** der einstigen Stadtbefestigung, der zum Büchermagazin umgestaltet wurde. Trotz dieser Maßnahme platzte die Bibliothek bald aus allen Nähten. Nur ein Bruchteil des sich rasant vergrö-

ßernden Bestandes konnte untergebracht werden, der größte Teil lagerte bis 2005 in Depots, die über die ganze Stadt verteilt waren.

Seit dem Umbau werden rund 1 Mio. Bände im Magazin unter dem Platz der Demokratie ⓭ und im Bücherkubus des Studienzentrums gelagert, zu dem auch das Rote Schloss gehört. Der erneute Ankauf der beim Brand verloren gegangen Werke und die Restaurierung der 62.000 durch Feuer und Löschwasser beschädigten Bände dauert an.

› Bus: 1 bis Bauhaus-Universität
› Platz der Demokratie 1, www.klassik-stiftung.de, Tel. 545400, geöffnet: Di–So 9.30–18 Uhr, Eintritt: 8 €, erm. 6 € (inkl. Audioguide). Limit von 290 Besuchern pro Tag. Es gibt ein kleines Kartenkontingent an der Kasse, sonst Tickets unbedingt einige Wochen vorher bestellen.
› Renaissancesaal: Dauerausstellung „Cranachs Bilderfluten“
› Infos über den Stand der Restaurierung: www.anna-amalia-bibliothek.de

Hier traf sich das Viergestirn der Weimarer Klassik: die Anna Amalia Bibliothek

⓭ Platz der Demokratie ★★ [D4]

Im 16. Jahrhundert, also der Zeit der Renaissance, lustwandelten hier die Adligen und Wohlhabenden der Stadt durch einen schönen Garten. Erst in der zweiten Hälfte des 18. Jahrhunderts, mit dem Umbau des Grünen Schlosses zur Bibliothek erhielt der Platz in etwa sein heutiges Aussehen. Das **Reiterstandbild** in seiner Mitte zeigt Großherzog Carl August (1757–1828) und wurde anlässlich seines 100. Regierungsjubiläums am 3. September 1875 eingeweiht. Carl August war, nicht zuletzt Dank seiner Mutter Anna Amalia und seines Lehrers Christoph Martin Wieland, ein vielseitig gebildeter Regent. Seinem Interesse und seinem Engagement für Kunst und Wissenschaft ist es zu verdanken, dass Goethe nach Weimar kam und hier wirken konnte (s. S. 24).

Hinter dem Denkmal ist das **Fürstenhaus** zu sehen. Es beherbergt heute die bekannte Musikschule Franz Liszt, zu deren berühmtesten Schülern Marlene Dietrich zählt. Erbaut wurde es zwischen 1770 und 1776 als fürstliches Verwaltungs- und Ständehaus, diente jedoch nach einem Großbrand im Stadtschloss zunächst 28 Jahre lang Carl August als Residenz. Flankiert wird es von der **Herzogin Anna Amalia Bibliothek** ⓬ und dem um 1785 erbauten **Rößler'schen Haus**. Hinter dem Fürstenhaus, gegenüber dem Bibliotheksturm der Anna-Amalia-Bibliothek, steht ein 30 m hoher, männlicher **Ginkgo-Baum** (s. S. 34), der um 1825, also noch zu Lebzeiten Goethes, gepflanzt wurde.

Gegenüber dem Reiterstandbild erinnert das 1950 eingeweihte **Bach-**

Denkmal an den Aufenthalt des Musikers in Weimar. Im dahinter befindlichen Gebäude, dem **Roten Schloss,** hatte er als Violinist seine erste Wirkungsstätte. Erbaut wurde das Rote Schloss, das sich heute farblich eher grau gibt, als Witwensitz für Herzogin Dorothea Susanne (1560–92). Auftraggeber war ihr Mann, Herzog Johann Wilhelm von Sachsen, dessen Kopf über dem Familienwappen der Wettiner, im Dreiecksgiebel des reich verzierten Hauptportals der in Richtung Markt (14) gelegenen Westseite abgebildet ist. Das Renaissancegebäude ist heute Teil des **Studienzentrums der Herzogin Anna Amalia Bibliothek,** das auch das Gelbe Schloss (15) und die Neue Wache umfasst und für das im Innenhof der drei Gebäude der „Bücherkubus" mit umlaufenden Galerien mit bis zum Rand gefüllten Bücherregalen entstand. Über den Innenhof ist auch die sehenswerte interaktive Ausstellung „Erlebnisportal Weimar" zu erreichen (Di–So 10–18 Uhr, Eintritt: frei).

In Richtung des Parks an der Ilm (17) wird das Rote Schloss von einer Mauer begrenzt, der Clemens Wenzeslaus Coudray (1775–1845), Oberbaudirektor des Großherzogtums Sachsen-Weimar-Eisenach, ihre Struktur gab. Sie sollte die zur Lagerung von Brennholz erbauten Holzställe und die verschiedenen, uneinheitlich gestalteten Gebäudeteile zu einer Einheit verbinden.

Vor der Mauer sprudelt der **Ildefonsobrunnen,** den man 1824 vom Frauenplan (8) an die heutige Stelle versetzte. Das 1793 geschaffene Knabenpaar im klassischen griechischen Stil, das den Brunnen schmückt, ist die Kopie eines antiken Originals, das heute im Prado in Madrid zu sehen ist. Den Namen Ildefonso-Gruppe erhielten die Figuren von ihrem ehemaligen Aufbewahrungsort, dem spanischen Schloss Ildefonso. Auftraggeber der Kopie war Goethe. Wen genau die beiden Jünglinge symbolisieren, ist unklar, für Goethe waren es Castor und Pollux, die sinnbildlich für Sterblichkeit und Unsterblichkeit stehen.

› Bus: 1, 5, 6, 8 bis Wielandplatz

Der Platz der Demokratie mit Reiterstandbild und Fürstenhaus

021we-ms

Herr und Frau Ginkgo

An der hinteren Ecke des Fürstenhauses steht ein 1813 vom Weimarer Hofgärtner Sckell gepflanzter Ginkgo. Die Garten- und Parkgestaltung des 18. Jahrhunderts verlangte nach immer exotischeren Pflanzen, um die Herzen des Adels zu erfreuen. Ab 1800 begann man mit der Züchtung von Ginkgos im Schloss Belvedere (48).

Da sich auch Goethe im Zuge seiner botanischen Studien für außergewöhnliche Gewächse interessierte, beschäftigte er sich alsbald auch mit diesem Baum. Ihn faszinierte unter anderem seine Getrenntgeschlechtigkeit. Bis zur Geschlechtsreife im Alter von 20 bis 35 Jahren, sind die männliche und die weibliche Pflanze kaum voneinander zu unterscheiden. Diese Besonderheit ließ den Baum in seinem Herkunftsland China zum Symbol für Liebe und Fruchtbarkeit werden. Goethe wiederum sah vor allem in den zweigeteilten, charakteristischen Blättern ein Zeichen für die Zuneigung zwischen Mann und Frau. Der Ginkgo inspirierte ihn auch zu verschiedenen Werken, u. a. dem Gedicht „Ginkgo biloba" im Zyklus „West-östlicher Diwan". Ginkos zeichnen sich durch ihre enorme Widerstandskraft aus. Sie erfrieren auch bei –50 Grad Celsius nicht. Ein Exemplar im japanischen Hiroshima überlebte sogar den Atombombenabwurf.

Wie schön der Gingko im Oktober aussieht, kann in Weimar auch zu anderen Jahreszeiten erlebt werden, sind doch das Goethe- (9) und das Schillerhaus (7) in den Herbstfarben des Gingkoblattes gestrichen.

› Tipp: Ginkgo-Museum (s. S. 90) und GinkgoShop (s. S. 100)

Ginkgo Biloba

Dieses Baumes Blatt, der von Osten
Meinem Garten anvertraut
Gibt geheimen Sinn zu kosten
Wie's den Wissenden erbaut.

Ist es ein lebendig Wesen
Das sich in sich selbst getrennt?
Sind es zwei, die sich erlesen
Dass man sie als eines kennt?

Solche Fragen zu erwidern
Fand ich wohl den rechten Sinn.
Fühlst du nicht an meinen Liedern
Dass ich eins und doppelt bin?

Johann Wolfgang von Goethe, 1815

022we-ms

Der Ginkgo kann auch käuflich erworben werden

14 Markt ★★★ [D4]

Der um 1300 erstmals als Turnierplatz angelegte, 60 mal 60 m große Markt zeugt vom steten Wandel Weimars, ist mal beschaulich ruhig, mal lebendig – je nach Tageszeit. Er war Wohnort geistiger Größen wie Lucas Cranach d. Ä., Goethe, Schiller und Carl Zeiss, musste aber auch Hitlers Größenwahn über sich ergehen lassen. Er wurde durch Feuer und Bomben zerstört, jedoch immer wieder neu aufgebaut. Der Platz ist – wie Weimar selbst – nicht prunkvoll, hat aber Charakter.

Auffälligstes Gebäude ist das **neogotische Rathaus** aus dem Jahre 1841, dessen zwei Vorgängerbauten den Flammen zum Opfer fielen. Geplant wurde es von Heinrich Hess (1794–1865), einst Baurat im Großherzogtum. Zwischen März und Dezember erklingt vom Turm das aus 35 Glocken bestehende Glockenspiel von 1987.

Schräg gegenüber dem Rathaus befindet sich der **Neptunbrunnen.** Es ist der älteste Brunnen der Stadt und wurde 1545 erbaut. Einst zierte ihn ein Löwe, das Weimarer Wappentier. 1774 wurde er durch eine von Hofbildhauer Martin Gottlieb Klauer geschaffene Neptunfigur ersetzt, die in der Renaissance ein beliebtes Motiv war. Dem Meeresgott zu Füßen reitet ein Engel auf einem Delfin. Die Figuren wurden aus Elbsandstein gefertigt.

Die hinter dem Brunnen befindliche Nordseite des Marktes ist von Häusern geprägt, die den historischen Charakter des Marktes nachempfinden, jedoch erst zwischen 1988 und 1991 errichtet wurden. Der **Wiederaufbau der im Krieg zerstörten Gebäude** wurde so originalgetreu wie

Am Marktplatz befinden sich Weimars Tourist-Information (s. S. 121) und das schön gestaltete Cranachhaus (rechts)

möglich ausgeführt. In die Fassade der alten Hofapotheke integrierte man sogar den erhalten gebliebenen Renaissance-Erker und das originale Portal.

Dass nach dem Zweiten Weltkrieg städtebaulich in Weimar zunächst einiges anders lief als in anderen Orten der ehemaligen DDR, zeigt auch das **Stadthaus** am Markt 10. Ursprünglich im 16. Jahrhundert erbaut, wurde das Handelshaus bei einem Luftangriff so schwer getroffen, dass es abgerissen werden musste. Doch statt einen seelenlosen Betonklotz zu errichten, entschied man sich 1968 für die Rekonstruktion der alten Fassade, wobei sich der Architekt Leopold Wiel bei den Details eine gewisse künstlerische Freiheit zugestand.

Den Krieg völlig unbeschadet überstand das angrenzende, zwischen 1547 und 1549 erbaute Doppelhaus (Markt 11/12), das zu den schönsten Renaissancegebäuden Thüringens zählt. Entworfen hat das linke **Cranachhaus** und das rechte **Pestelhaus**, deren Fassaden symmetrisch aufeinander abgestimmt sind, Nikolaus Gromann, einer der bedeutendsten Baumeister seiner Zeit. Die Auftraggeber waren der kurfürstliche Sekretär Antonius Pestel und der herzogliche Kanzler Christian Brück. Letzterer war der Schwiegersohn von Lucas Cranach d. Ä., der das Haus ein Jahr vor seinem Tod bezog. Das Atelier des berühmten Hofmalers soll sich im dritten Geschoss befunden haben. Auf ihn geht vermutlich auch die Farbgestaltung des Erdgeschosses zurück, dessen Ornamentik jedoch in Teilen ein Produkt des späten 19. Jahrhunderts ist. Ab 1732 war das Haus Sitz der ältesten Buchhandlung der Stadt, zu deren Kunden Goethe, Schiller, Herder und Anna

⌃ *Schönes Fassadendetail am Cranachhaus*

Amalia zählten. Auf die Buchhandlung verweist die Inschrift im Wappen des linken Bogenfeldes: „Habent sua fata libelli" („Bücher haben ihr eigenes Schicksal").

Schräg gegenüber steht mit dem **Hotel Elephant** (s. S. 128) eines der bekanntesten Gebäude Weimars. Gegründet wurde der Gasthof 1696 als Unterkunft und Warenlager für durchreisende Kaufleute. Später übernachteten hier viele der berühmten Besucher der Stadt wie Friedrich Schiller, Max Klinger, Felix Mendelssohn-Bartholdy und Richard Wagner. Leider ist das heutige Hotel nicht mehr das ursprüngliche, sondern ein vom nationalsozialistischen Architekten Hermann Giesler entworfener Neubau aus dem Jahre 1938. Erzwungen hat ihn Hitler, dem das alte Gebäude zu wenig repräsentativ erschien. Als Besonderheit ließ er einen Balkon anbauen, von dem aus er sich vom Volk huldigen lassen konnte. Der Balkon existiert noch immer. Seit 1999, als Weimar Kulturhauptstadt Europas war, steht dort allerdings jedes Jahr eine Figur einer mit Weimar verbundenen Persönlichkeit. 2009 und 2013 waren es die Begründer des Bauhauses, Walter Gropius und Henry van de Velde. Damit distanziert man sich von der Vorgeschichte des Gebäudes, da Hitler z. B. den gestalterischen Eigensinn des Bauhauses verabscheute.

Nach dem Zweiten Weltkrieg entwickelte sich das Hotel wieder zu dem, was es eigentlich war: ein Haus für Künstler und Freidenker, die angesichts des 5-Sterne-Standards aber das nötige Kleingeld mitbringen müssen. Erster Gast nach der Wiedereröffnung im Jahr 1955 war Thomas Mann. Dies ist durchaus symbolisch zu sehen, mehrte doch einerseits der Schriftsteller und Literaturnobelpreisträger den Ruhm des Hotels, indem er Teile seines weltbekannten Goethe-Romas „Lotte in Weimar" im „Elephanten" spielen ließ, anderseits war Mann, der 1938 in die USA emigriert war, als scharfer Kritiker des Dritten Reiches bekannt und trug mit seinem Besuch gewissermaßen zur Entnazifizierung des Gebäudes bei.

Heute hat der zahlungskräftige Gast die Wahl zwischen einem Standardzimmer und einer von sieben Suiten, die bekannten Persönlichkeiten gewidmet sind. Die Thomas Mann Suite ist – wiederum symbolträchtig – das ehemalige Hitlerzimmer mit dem Balkon.

Direkt neben dem Hotel klafft eine Lücke. Hier standen früher das Wohnhaus Johann Sebastian Bachs, der in Weimar neun Jahre lang als Hoforganist arbeitete, und der Gasthof Zum Erbprinzen, dessen Gästeliste ebenfalls eindrucksvoll ist: Mit Schiller, Napoleon, Seume, Liszt und Wagner umfasst sie herausragende Persönlichkeiten. Leider musste das Gebäude nach Jahren der Zweckentfremdung 1989 wegen akuter Baufälligkeit abgerissen werden. Eine bauliche Lösung für den Freiraum ist noch nicht in Sicht.

Die Zeiten überdauert hat hingegen das Renaissancegebäude **Zum schwarzen Bären** auf der anderen Seite des „Elephanten". Es beherbergt seit 1540 ein Gasthaus, das älteste Weimars.

Das an der Marktsüdseite aufgestellte, bronzene **Tastmodell Weimars,** ermöglicht es sehbehinderten und sehenden Menschen einen Überlick über die Innenstadt zu gewinnen.

› Bus: 1, 5, 6, 8 bis Wielandplatz
› Rathaus, Markt 1, Glockenspiel März–Dez. tgl. 10, 12, 15 und 17 Uhr

⑮ Gelbes Schloss und Grüner Markt ★ [D4]

Nachdem es in Weimar ein Rotes Schloss (s. S. 33) und ein Grünes Schloss (s. S. 31) gab, durfte natürlich auch ein Gelbes Schloss nicht fehlen. Es ist zu vermuten, dass auch hier wieder die Fassadenfarbe den Ausschlag für den Namen gab. Erbaut wurde es 1704 im barocken Stil als Witwensitz für **Herzogin Charlotte Dorothea Sophie** und es macht im Gegensatz zu den anderen Residenzen auch heute noch farblich seinem Namen alle Ehre. **Johann Sebastian Bach** gab im Haus Musikunterricht und der in Weimar geborene Schriftsteller **August von Kotzebue** verbrachte hier seine Kindheit und Jugend.

Durch Luftangriffe während des Zweiten Weltkriegs wurde das Schloss stark beschädigt. Im Zuge des Wiederaufbaus griff man erheblich in die Bausubstanz ein. Ein Beispiel ist das **Löwenportal** mit dem Wappen der Herzogin. Anstatt weiterhin eine Tür zu sein, wurde es zum Fenster mit Balustrade umgestaltet. Es ist an der Fassade in Richtung des Grünen Marktes zu finden. Das Gelbe Schloss ist heute Teil des Studienzentrums der **Herzogin Anna Amalia Bibliothek** ⑫ (Eingang am Platz der Demokratie ⑬).

Direkt gegenüber der einstigen Residenz läd passenderweise das **Residenz Café** (s. S. 97) zu einer Pause ein. Das „Resi" ist das älteste noch bestehende Kaffeehaus Weimars und wurde 1839 gegründet. Als man hier noch nicht Gäste bewirtete, wohnte gleich nebenan wieder mal kein geringerer als Goethe. Seit der Erweiterung des Hauses im Jahr 1932 ist die erste Wohnung des Dichters in Weimar Teil des Cafés. Zu den berühmtesten Gästen des Lokals zählt auch **Marlene Dietrich**, die zu Zeiten der Weltwirtschaftskrise in Weimar lebte. Die tagtägliche, exorbitante Entwertung der Mark machte den Bürgern zu schaffen. Als Dietrich die Abermillionen für ihre Rechnung nicht zusammenbekam, und schon ihre Golduhr verpfänden wollte, half ihr eine Freundin mit einem Ein-Dollar-Schein aus.

Zwischen Resi und Gelbem Schloss erstreckt sich der **Grüne Markt**, der seinen Namen vom Gemüse hat, das hier im 18. Jahrhundert gehandelt wurde. An ihn schließt sich der **Burgplatz** an, wo sich mit dem **Alternativen Cultur-Centrum (ACC)** ein weiteres, gern von Studenten und Kulturschaffenden besuchtes Café befindet (s. S. 96).

› Bus: 1, 5, 6, 8 bis Wielandplatz
› Gelbes Schloss, Kollegiengasse

KURZ & KNAPP

Wunderliche Buchstaben

Links und rechts des ehemaligen Löwenportals des Gelben Schlosses ⑮ ist eine nahezu endlose Reihe Buchstaben zu entdecken. **CDSDSLHH** ist da zu lesen. Da das Haus zwischenzeitlich dem Thüringer Finanzministerium als Residenz diente, vermutete der Volksmund, dass sich dahinter der Satz „Carl, du solltest deine Steuern längst hergebracht haben" verbarg, bezugnehmend auf den einst doch etwas ausschweifend lebenden Herzog Carl August von Sachsen-Weimar-Eisenach. Tatsächlich sind es jedoch nur die Initialen der Herzogin, die im Schloss lebte und deren offizieller Name etwas länger geraten war: C(harlotte), D(orothea), S(ophia), D(ux), S(axonia), L(andgrafia), H(asso), H(omburgiae).

Spaziergang durch die nördliche Altstadt

Westlich des Stadtschlosses 16 und nördlich der Achse Theaterplatz, Markt 14 und Grüner Markt 15 liegt das alte Siedlungsgebiet Weimars. Zentraler Ort ist hier der Herderplatz 27, der einstige Hauptmarkt der Stadt. Umgeben war das Gebiet von einer doppelten Stadtmauer, die ungefähr dem Verlauf Schillerstraße 6, Burgplatz [D3/4], Graben 34 und Goetheplatz 42 entsprach und im 18. Jahrhundert abgetragen wurde. Nachdem die nördliche Altstadt durch einzelne Bombenschäden im Zweiten Weltkrieg und eine großflächige Vernachlässigung zu DDR-Zeiten arg in Mitleidenschaft gezogen wurde, erstrahlt sie heute in neuem Glanz. Die einst zahlreichen Baulücken werden nach und nach geschlossen, sodass das Viertel wieder eine Einheit ergibt. Sehenswert sind neben der Herderkirche 28 auch die vielen alten Häuser, u. a. in Geleitstraße 43 und Eisfeld. Zum Verweilen laden Cafés, Kneipen, Bistros und kleine Läden ein.

025we-ms

Ein empfehlenswerter Rundgang folgt ab dem Markt 14 der Kaufstraße in Richtung des Herderplatzes 27. Von dort geht es weiter durch die Jakobstraße und vorbei am Kirms-Krackow-Haus 29 in Richtung Graben 34. Hier führt die Kleine Kirchgasse hinauf zur Jakobskirche 35. Über den Rollplatz geht es dann zurück Richtung Graben und weiter zum Goetheplatz 42. Durch die Geleitstraße und die Windischenstraße gelangt man anschließend zurück zum Markt.

Am Beginn des Rundgangs lohnt die Umgebung der Marktstraße einen Stopp. Beachtenswert sind hier das aus dem 16. Jh. stammende Fachwerkhaus an der Ecke Kaufstraße und zwei Anwesen in der angrenzenden Schlossgasse. Zum einen ist dies das 1728 erbaute barocke Haus mit der Palme (Schlossgasse 4), zum anderen das mit Bänder- und Rankenornamenten reich verzierte Haus Nr. 6. In ihm wohnte der berühmte Weimarer Bühnenautor August Ferdinand von Kotzebue (1761–1819).

026we-ms

Farbliche Akzente in der Altstadt

Herderdenkmal vor der Herderkirche 28

16 Stadtschloss mit Schlossmuseum ★★ [D3]

Begibt man sich auf die Suche nach den Wurzeln Weimars, dann ist man am Stadtschloss goldrichtig. Hier stand einst die Ende des 9. Jh. erbaute hölzerne Wasserburg Wimares (altgermanisch für „Heiliger See"), in deren Umgebung sich der gleichnamige Ort entwickelte.

Im 13. Jahrhundert fiel die Burg an die Wettiner. Nach weiteren Bränden ließ **Wilhelm der Tapfere** sie Anfang des 15. Jahrhunderts komplett neu errichten, diesmal aus Stein. Aus dieser Zeit stammen noch der **Hausmannsturm**, dem später eine barocke Spitze aufgesetzt wurde, und Teile des davorstehenden Torhauses. Das **Portal** des auch als „Bastille" bezeichneten Gebäudes ziert das **Stadtwappen Weimars** aus dem Jahre 1545. Hier waren Amtsstuben zur Eintreibung von Steuern untergebracht. Auch Gefangene fristeten zeitweise in den Kellern ihr Dasein.

Die eigentliche Vierflügelanlage des Schlosses stammt aus der Zeit nach einem verheerenden, durch einen Blitzeinschlag ausgelösten **Brand im Mai 1774.** Eine eigene Schlossbaukommission, der selbstverständlich auch Goethe angehörte, plante den Neubau, den die herzogliche Familie 1803 bezog. Ergänzt wurde das Gebäude durch einen Südflügel, den Großherzog Wilhelm Ernst 1911 in Auftrag gab.

Das größtenteils von Heinrich Gentz gestaltete, recht schlichte, aber würdevolle Innere gilt als Glanzstück der klassizistischen Architektur. Besonders sehenswert sind der **Festsaal** und die **Falkengalerie.** Einen Besuch lohnen auch die **Gesellschaftsräume der Großherzogin Maria Pawlowna** und die **Dichterzimmer**, die sie in Gedenken an das Weimarer Viergestirn, Goethe, Schiller, Wieland und Herder, ab 1835 einrichten ließ. Die Räume schmücken große, wie auch großartige Wandmalereien, die Szenen aus den Werken der Dichter wiedergeben.

027we-ms

Die Goethe-Galerie entwarf kein geringerer als **Karl Friedrich Schinkel.**

Die 69 Räume des **Schlossmuseums** beherbergen zudem **Kunstwerke aus sechs Jahrhunderten.** Im rechten Flügel des Erdgeschosses sind Werke Cranachs d. Ä., u. a. die berühmten Bilder „Junker Jörg“ und „Martin Luther“, und eine kleine herzogliche Wunderkammer zu besichtigen. Der linke Flügel umfasst eine bedeutende Ikonensammlung und sakrale Kunst aus dem Spätmittelalter, zum Beispiel den beeindruckenden Martinsaltar aus Meckfeld und einen um 1510 geschaffenen Marienaltar. Das erste Geschoss widmet sich niederländischer und italienischer Malerei, vertreten unter anderem durch einige Bilder von Peter Paul Rubens und Tintoretto, sowie der Malerei der Zeit der Aufklärung. Zu sehen sind auch Porträts und Büsten der herzoglichen Familie. Im Obergeschoss sind Werke der Weimarer Malerschule und des Impressionismus ausgestellt. Liebermann, Beckmann, Corinth und Monet sind mit einigen Werken vertreten.

Im Herbst 2018 begann die **komplette Sanierung des Schlosses,** die bis zum Jahr 2030 andauern soll. Derzeit sind nur die Dichterzimmer im Rahmen von Führungen zugänglich, weitere Räumlichkeiten werden aber folgen.

› Bus: alle Linien bis Goetheplatz
› Burgpl. 4, www.klassik-stiftung.de, Tel. 545400

⌃ *Kutschfahrt durch den Park an der Ilm*

‹ *Blick von der Jakobskirche* 35 *auf das Stadtschloss*

028we-ms

17 Park an der Ilm ★★★ [E6]

Der lang gestreckte, im englischen Stil gestaltete Landschaftspark ist die grüne Lunge der Stadt. Hier flaniert man, hier lässt man sich nieder. Die Hinwendung zur Erholung in der Natur ist entlang des Flüsschens Ilm heute noch genauso spürbar wie vor 300 Jahren.

Ab 1778 wurde der Park unter der Leitung **Herzog Carl Augusts** und **Johann Wolfgang von Goethes** schrittweise angelegt, wobei die drei älteren herzoglichen Gartenanlagen mit einbezogen wurden. Kein Zaun und keine Mauer umschlossen ihn, sodass er für alle Bürger der Stadt **frei zugänglich** war. Mit seinem nahezu unverändert erhalten gebliebenen, teils exotischen Baumbestand, den Sichtachsen, Grotten, künstlichen Ruinen und Brücken zählt er zu den am besten erhaltenen Parkanlagen aus der Zeit der Romantik und ist **heute Teil des UNESCO-Weltkulturerbes „Klassisches Weimar“.** Für einen kleinen Rundgang empfiehlt sich der nördliche Teil des Parks. Wer ausgiebiger wandern möchte, gelangt hingegen in Richtung Süden nach 2 km nach Oberweimar.

Geheimrat Goethe und der Weimarer Wegebau

Zwar gab es in Weimar Märkte, unter anderem den Viehe- und Zippelmarkt, doch waren diese für auswärtige Besucher nur schlecht erreichbar. Zum einen lag dies an Wegelagerern, die auch im Thüringischen ihr Unwesen trieben, zum anderen aber am Hauptwegenetz. Dies führte an der Stadt geradewegs vorbei. Konnte Erfurt von seiner Anbindung an die Via Regia profitieren, so war von Lagevorteilen in Weimar kaum etwas zu spüren. Zudem waren die vorhandenen Wege in einem erbärmlichen Zustand, sodass Ingenieur und Hauptmann der Artillerie Jean Antoine Joseph de Castrop (1731–1785) vermerkte, dass „(...) die Räder der Fuhrwercke und besonders der Kutschen kaum 6 Zoll vom Rand einer ungeheuren Tiefe hingehen, welches um so gefährlicher ist, da auf der Seite des precipice die Räder ungleich tiefer gehen alß auf der Seite des Ackerrandes und also bey dem geringsten Schlag der Herabsturz des Geschirrs bewürckt werden muß."

Neben anderen Verwaltungsangelegenheiten wurde auch der Wegebau im Geheimen Consilium koordiniert. Wohl prominentestes Mitglied des Rates war der neu in die Stadt berufene Johann Wolfang Goethe. Zwischen 1776 und 1785 nahm er an 518 Sitzungen in der Ratsstube teil, die ein- bis zweimal pro Woche einberufen wurden. Zunächst war der Geheimrat im Spezialgremium der Bergwerkskommission beschäftigt, ab 1779 übernahm er die Leitung der Kriegskommission und der Wegebaudirektion.

Goethe trug dafür Sorge, dass der Wegebau zunächst neu organisiert und zentralisiert wurde. Die Ziele waren: Ausbesserungsarbeiten, größere Reparaturen, Chausseebau und das Setzen von Straßenpflaster.

So richtig anschlagen konnten Goethes Ideen und Reformen jedoch nicht. Der ständige Mangel an Geldmitteln, der in nicht geringem Maße auf die Verschwendungssucht des Herzogs und des Hofes zurückzuführen war, führte dazu, dass immer wieder wichtige Infrastrukturmaßnahmen abgebrochen oder aufgeschoben werden mussten. Entnervt warf Goethe 1786 das Handtuch, reiste nach Italien und widmete sich fortan schöngeistigen Dingen.

Der **Rundgang** beginnt am Turm der Herzogin Anna Amalia Bibliothek ⓬, die Nummer 7 auf den an mehreren Stellen aufgestellten Parkplänen. Direkt neben der Bibliothek ist das **Alexander-Puschkin-Denkmal** zu finden. Der Bildhauer Johannes Friedrich Rogge schuf es 1949 anlässlich des 150. Geburtstages des russischen Dichters, der ein großer Verehrer Goethes war.

Man folgt nun einige Meter der Straße nach Süden und biegt dann in der Kurve auf den oberen Spazierweg ein. So gelangt man zur aus Berkaer Buntsandstein gefertigten **Pompejanischen Rundbank** mit Greifenfüßen aus dem Jahre 1799. Sie erinnert an die Italienreise Anna Amalias, auf der sich die Herzogin auf dem Original der Bank in Pompeji von Wilhelm Tischbein porträtieren ließ.

Unweit der Sitzgelegenheit eröffnet sich ein schöner Blick über die Parkanlage hin zu Goethes Gartenhaus 18. Nach rund 200 Metern ist eine Weggabelung erreicht. Rechter Hand erblickt man die Überreste des 1945 zerstörten **Tempelherrenhauses** aus dem Jahre 1823. Es diente dem geselligen Beisammensein des Hofes und als Sommerresidenz, in der u.a. Franz Liszt für musikalische Unterhaltung sorgte.

Geradeaus geht es zur 1784 angelegten **Künstlichen Ruine** (Nr. 23 auf den Karten). Sie symbolisiert die Vergänglichkeit der von Menschen geschaffenen Bauwerke. Unweit der Ruine ist das 1904 eingeweihte **Shakespeare-Denkmal** zu finden, das einzige in Deutschland. Eingeweiht wurde es anlässlich des 40. Geburtstags der Deutschen Shakespearegesellschaft. Christoph Martin Wieland übersetzte viele Werke des englischen Dramatikers, die in Goethe einen dankbaren Leser fanden.

Biegt man am Monument nach rechts ab, so führt ein Abstecher nach wenigen Metern zum **Schlangenstein** (Nr. 25; Kopie, Original von 1787 im Goethe-Nationalmuseum 9). Die Inschrift lautet: „Genio huius loci" („Dem Genius/Geist dieses Ortes").

Hält man sich am Shakespeare-Denkmal links (Norden) kommt man zum **Borkenhäuschen** (Einsiedelei), das im Auftrag Goethes erbaut wurde. Es diente am 9. Juli 1778 als Kulisse für eine humoristische Inszenierung für das Luisenfest, das anlässlich des Namenstags der Herzogin Luise, der Gattin Herzog Carl Augusts, abgehalten wurde. Die im Zuge der Feier vorgenommene Umgestaltung der Grünflächen gilt als Beginn der Anlage des Landschaftsparks, für den das Wörlitzer Gartenreich ein maßgebliches Vorbild war.

Bergab geht es nun zur **Floß- oder Naturbrücke** (ein originalgetreuer Nachbau) und erreicht den ältesten erhaltenen Teil des Parks. Auf der Brücke traf Goethe 1788 zum ersten Mal seine spätere Frau, Christiane Vulpius, die ihm eine Bittschrift ihres Bruders überreichte.

Nahe der Brücke sind auch die Felsenquelle und eine Felslandschaft zu finden, die der Erinnerung an das

Der Schlangenstein

Unweit eines schwungvollen Mäanders der Ilm, inmitten des Parks, ist der Schlangenstein zu finden. Nach antikem römischen Vorbild wurde das Denkmal zu Ehren Goethes im Auftrag des Herzogs Carl August 1787 von Martin Gottlieb Klauer vollendet und aufgestellt. Im Park ist heute eine 1968 geschaffene Kopie zu sehen, das während des Zweiten Weltkriegs beschädigte Original wurde im Römischen Haus 20 aufgestellt.

Die Schlange steht symbolisch für Fruchtbarkeit und die Kraft der Natur. Die Innschrift „Genio huius loci" („Dem Geist/Schutzgeist dieses Ortes") verweist auf Goethe, der der Stadt Weimar eine geistige Aura verlieh. „Inoffiziell" munkelt man hingegen, dass die Standortwahl nicht zufällig geschah und etwas mit einer alten Erzählung zu tun hat. Demnach nannte man die Umgebung „Kalte Küche", da dort nichts Essbares wuchs und stattdessen allerlei Gewürm den Ort unsicher machte. Eine andere Sage berichtet davon, dass in dieser Ecke wohl tatsächlich mal eine Schlange hauste, die ein findiger Bäcker mit vergifteten Kuchen überlistete. Der Schlangenstein soll an diese Begebenheit erinnern.

Mein Tipp

Sonntagskuchen

Immer wieder sonntags öffnet von 13 bis 18 Uhr das Café D'ESTE in der Villa Haar. Auf der Sonnenterrasse bzw. im Wintergarten werden köstliche selbstgebackene Kuchen und Torten serviert.

12 [F7] **Café D'ESTE**, Villa Haar, Dichterweg 2

Hoffräulein **Christel von Lassberg** dient. Die 17-Jährige hatte, Goethes Briefroman „Die Leiden des jungen Werther" angeblich noch in den Händen haltend, aus Liebeskummer Selbstmord begangen. Der Dichter war daraufhin so geschockt, dass er nahe der Todesstelle 1778 einen ehemaligen Steinbruch umgestalten ließ. Aus dem Fels wurde zudem eine „Nadelöhr" genannte Treppe heraus gebrochen, bei deren Gestaltung er selbst Hand anlegte. Goethe schrieb an Charlotte von Stein: „... man übersieht von da, in höchster Abgeschiedenheit, ihre letzten Pfade und den Ort ihres Todes."

Wer weniger Zeit zur Verfügung hat, kann hier zu Goethes Gartenhaus 18 abbiegen. Wer Lust und Zeit hat, folgt stattdessen weiter dem westlichen Ilmufer nach Süden. Man geht wenige Meter zurück und biegt am Shakespeare-Denkmal zum bereits erwähnten Schlangenstein ab. Nach rund 200 m gelangt man zum 1782 aufgestellten **Dessauer Stein** (Nr. 28). Er erinnert an die Anlage des Wörlitzer Parks in den Jahren 1769 bis 1773 durch Leopold Franz von Anhalt-Dessau, der Carl August als Vorbild für die Erschaffung des Parks an der Ilm diente. Zwei in der Nähe stehende Denkmäler sind dem ungarischen Revolutionär und Goethe-Verehrer **Sandor Petöfi** (1823–1849) und **Franz Liszt** gewidmet.

Nach Süden geht es nun zum **Römischen Haus** und dem 1817 angelegten **Löwenkämpferportal.** Das Relief zeigt den Kampf des Herakles mit dem unverwundbaren Nemeischen Löwen. Es wird von romanischen Säulen eingerahmt. Das aus Buntsandstein gefertigte Portal ist ein Verweis auf die Thüringische Bergbautradition, wobei an dieser Stelle nie Grubentätigkeiten geplant waren oder gar ausgeführt wurden. Es erfüllt rein gestalterische Zwecke.

Um die Ilm zu queren, kann man die unterhalb des Römischen Hauses gelegene, von Clemens Wenzeslaus Coudray entworfene **Duxbrücke** nutzen oder die etwas weiter entfernt gelegene **Hängebrücke.** Letztere wurde 1833 installiert und ist in Weimar unter dem Namen Schaukelbrücke bekannt. Das 14 Meter lange Bauwerk besitzt massive Steinpfeiler aus heimischen Travertin, deren Rundung jeweils eine Muschel ziert.

Vorbei an der **Villa Haar** (Dichterweg 2) geht es zu Goethes Gartenhaus 18. Die herrschaftliche Villa Haar ist nach dem Unternehmer Otto Haar benannt, der das Gebäude 1905 erwarb und umbauen ließ. Den Auftrag für die Errichtung des stattlichen Hauses im Stil der Villa d'Este im Trivoli bei Rom gab 1886 Rechtsanwalt Werner Voigt. Als Architekt zeichnete Otto Minkert verantwortlich. Die von einem großen Garten umgebene Villa wird für Veranstaltungen genutzt.

Vom Gartenhaus aus führt der Weg in Richtung Norden und kurz vor der Kreuzung mit der Straße Am Horn nach links. Die **Sphinxgrotte,** die man nun erreicht, ist eine 1786 geschaf-

Die Naturbrücke im Park an der Ilm

fene Einfassung für die Karstquelle des nur wenige Meter langen Baches Läutra. Der Name leitet sich von „läutern“, dem altdeutschen Ausdruck für (Wäsche) waschen, ab. Das glasklare Wasser entspringt an einer tektonischen Störung und hat eine konstante Temperatur von 8,5 °C. Nicht weit entfernt führt die Mitte des 17. Jahrhunderts erbaute **Sternbrücke** über die Ilm. Sie verbindet das **Stadtschloss** (16) mit dem ehemaligen fürstlichen Jagdgebiet Webicht.

Zwei Denkmäler rahmen das Stadtschloss ein. Das erste ist Adam Bernard Mickiewicz (1798–1855) gewidmet, dem Nationaldichter Polens. Das zweite wurde 1961 eingeweiht und zeigt auf einem Sockel aus Travertin die Skulptur des Kopfes des in Weimar verstorbenen Schriftstellers und Dichters Louis Fürnberg (1909–1957). Fürnberg war nach dem Zweiten Weltkrieg Leiter der Nationalen Forschungs- und Gedenkstätten der klassischen deutschen Literatur, zeichnete aber auch für das von der SED als Lobeshymne genutze „Lied der Partei“ verantwortlich, das später auch unter dem Titel „Die Partei hat immer recht“ bekannt wurde. Prophetisch war dies nicht gerade, wie die Entwickung nach 1989 zeigen sollte.

Zwischen Stadtschloss und Herzogin Anna Amalia Bibliothek (12) ist das **alte Reithaus** zu finden. Ursprünglich im 18. Jh. für eine höfische Reitschule erbaut, wurde es 1803 klassizistisch umgestaltet. Da es zeitweise auch als Theater diente, wurde hier Lessings „Minna von Barnhelm“ aufgeführt.

Wer noch etwas mehr Zeit mitbringt, für den lohnen sich zwei Abstecher: Der erste führt ab Goethes Gartenhaus (18) zum **Haus Am Horn** (19). Der zweite ab dem Haus der Frau von Stein (11) zum **Beethovenplatz** [D5], wo das **Hafis-Goethe-Denkmal** steht. Der persische Lyriker Hafis (1326–1390) inspirierte Goethe zu seinem Gedichtzyklus „West-östlicher Diwan“, in dem er dazu auffordert, Grenzen zu überwinden: „Wer sich selbst und andere kennt, wird auch hier erkennen: Orient und Okzident sind nicht mehr zu trennen“.

029we-ms

Die Ilmnixe

Die Ilm ist ein recht kühles Gewässer, entspringt sie doch in den luftigen Höhen des Thüringer Waldes. So richtig wohl fühlt sich laut des Thüringer Sagenschatzes hier nur eine Nixe mit grünem Haar. Sie warb in grauer Vorzeit um die Gunst eines Grafen. Willig folgte dieser ihrer Bitte und ging mit ihr ein Liebesverhältnis ein. Jedes Jahr im Mai besuchte der Adlige das Nixenschloss und verbrachte dort ein paar wundervolle Tage. Nicht so gut erging es hingegen den Wanderern, die dem Werben der Nix nicht folgeleisteten oder sich von ihren Hilferufen ins Nass locken ließen. Von ihnen ward nichts mehr gesehen.

Goethe hingegen glaubte nicht an Nixen, sondern spielte lieber selber eine: Eines Tages, so wird berichtet, schwamm er nachts unter der mit Toren verschlossenen Floßbrücke. Als er sah, dass sich ein Mann anschickte, die Absperrung zu überwinden, warf er seine Haare in den Nacken und rief mit hoher Stimme den Jüngling zu sich in die Fluten. Zu Tode erschrocken nahm dieser jedoch die Beine in die Hand.

Das im Jahr 2000 dem Dialog der Kulturen geweihte Denkmal hält für beide Dichter symbolisch einen Stuhl bereit. Brücken baut zudem das in unregelmäßigen Abständen stattfindende Kulturfestival „West-Östlicher-Diwan" des Autors Klaus Galls (www.west-oestlicher-diwan-weimar.de).

Weiter geht es nun ab dem Beethovenplatz durch den Park nach Süden, bis man nach 200 m die **Große Parkhöhle** erreicht. Sie ist Teil eines weit verzweigten Stollensystems im Travertin. Das Kalkgestein bildete sich vor rund 200.000 Jahren als Sedimentablagerung im Süßwasser. In ihm können sich durch Lösungsprozesse größere Hohlräume und Gänge bilden. Die in 12 m Tiefe gelegene Parkhöhle ist jedoch nur teilweise natürlichen Ursprungs. Die meisten Stollen wurden zwischen 1794 und 1797 zur Ableitung von Brauchwasser einer geplanten Brauerei angelegt. Als diese dann doch nicht gebaut wurde, gewann man hier Kies und Sand. 1945 diente die Höhle zudem als Bunker. Bei einem Rundgang sind an den Decken Versteinerungen fossiler Pflanzen und Tiere zu entdecken. Fotos und zeitgeschichtliche Dokumente erläutern die Geschichte der Höhle und des Travertins, der als Baumaterial bei vielen Gebäuden Weimars und als Pflasterstein Verwendung fand.

Neben der Parkhöhle ist die **Mensa am Park** zu finden, Speisesaal der Studenten der Stadt. Das kantige Gebäude wurde 1982 eröffnet und sollte eigentlich nach der Wende dem Bagger zum Opfer fallen. Stattdessen wurde das Haus unter Denkmalschutz gestellt und steht für den kreativeren Teil der Architektur der DDR.

Der nahe gelegene **Sowjetische Friedhof** ist letzte Ruhestätte für 650 Soldaten und ihre Angehörigen, die bis 1955 in Weimar stationiert waren.

› Bus: 1, 5, 6, 8 bis Wielandplatz
› www.klassik-stiftung.de, Park: ganzjährig frei zugänglich, Führungen Apr.-Mitte Okt.: 3 €

★13 [D6] **Große Parkhöhle,** Marienstr. 17 (Eingang zwischen Mensa und Liszt-Haus), **derzeit wegen Bauarbeiten geschlossen,** ansonsten geöffnet: Ende März-Ende Okt. Mi-Mo 10-18, Ende Okt.-Ende März 10-16 Uhr, Eintritt: 5 €

18 Goethes Gartenhaus ★★★ [F5]

Als Goethe nach Weimar kam, soll er auf einem Spaziergang das halb verfallene, von einem verwunschenen Garten umgebene Häuschen entdeckt haben. Er war von dem idyllischen Grundstück so begeistert, dass er es auf einer Auktion im Jahr 1776 für 600 Taler ersteigerte. Das Geld wurde ihm von Herzog Carl August erstattet, der hoffte, Goethe so an Weimar binden zu können. In Besitz von Grund und Boden konnte Goethe nun das Bürgerrecht erhalten und als Geheimrat Regierungsgeschäfte übernehmen.

Goethe wohnte zwischen 1776 und 1782 in dem Haus. Auch als er längst an den Frauenplan (Goethes Wohnhaus 9) umgezogen war, kam er oft hierher, um Ruhe und einen gewissen **Abstand zum höfischen Leben** zu finden. Dass das kleine Anwesen auch inspirierend auf ihn wirkte, zeigen die vielen Zeichnungen und vor allem Gedichte, die hier entstanden. Einige seiner schönsten und bekanntesten, wie „Rastlose Liebe“ und „An den Mond“, gehören dazu. Auch Teile von „Iphigenie auf Tauris“ und der Wilhelm-Meister-Trilogie entstanden in seinem Arbeitszimmer am Stehpult. Das **Pult** wie auch der einem Pferdesattel ähnelnde Sitzbock sind noch heute zu besichtigen. Auch die restliche, dezent gehaltene Ausstattung des Hauses entspricht nach Restaurierungsarbeiten wieder genau der zu Lebzeiten Goethes.

Umgeben ist das Gebäude von einem wundervollen **Garten,** der jenem nachempfunden ist, den der Dichter nach seinem Einzug hier anlegen ließ. Mit viel Hingabe pflanzte er Wein, Obst- und Nadelbäume, legte Blumenrabatten und Gemüsebeete an. Am östlichen Hang ließ er eine Steintafel mit folgenden Worten anbringen: „Hier gedachte still ein Liebender seiner Liebenden ...“ Es war

Beliebter Treffpunkt: Goethes Gartenhaus

030we-ms

der Lieblingsplatz von **Charlotte von Stein.** Ihr Haus ⑪ konnte er vom oberen Stockwerk aus stets erblicken.

Ein weiterer besonderer Ort des Gartens ist der **„Stein des guten Glücks“** am Ende des Hauptwegs. Den Quader (als Symbol für Beständigkeit) mit aufgesetzter Kugel (symbolisch für die ruhelose Bewegung stehend) widmete Goethe Tyche, der griechischen Göttin des Schicksals, des Zufalls und der glücklichen sowie eher unglücklichen Fügung.

Etwas oberhalb des Gartenhauses steht das im 18. Jahrhundert erbaute **Pogwischhaus,** benannt nach der Schwiegertochter Goethes, Ottilie von Pogwisch. Es dient heute als Gästehaus der Klassik Stiftung Weimar.

› Bus: 1, 5, 6, 8 bis Wielandplatz
› Park an der Ilm, www.klassik-stiftung.de, geöffnet: Ende März–Ende Okt. Di–So 10–18, Ende Okt.–Ende März Di–So 10–16 Uhr, Eintritt: 7 €, erm. 5 €

⑲ Haus Am Horn ★ [F6]

Oberhalb des Parks an der Ilm ⑰ verläuft die Straße Am Horn. In dem mondänen **Villenviertel** lebten einst Unternehmer und Künstler, u. a. im Haus Nr. 53 der Maler **Paul Klee** (1879–1940). Auffällig ist ein bungalowähnliches Gebäude, das sogenannte Haus Am Horn. Es wurde 1923 als **Musterhaus** unter Leitung des Bauhaus-Mitarbeiters **Georg Muche** konzipiert und sollte Teil einer vom Land eingeforderten **Bauhaus-Ausstellung** sein. Ziel war es, moderne Bautechniken umzusetzen und die massiven Wohnraumprobleme durch neuartige Konzepte zu lösen. Die Konzeption des Gebäudes sah zudem vor, die Arbeit der Hausfrau zu reduzieren, „damit sie sich wieder geistigen Aufgaben widmen könne“, so Muche.

Walter Gropius schrieb über die Intention des Bauhaus: „Das neue Ziel wäre die fabrikmäßige Herstellung von Wohnhäusern im Großbetrieb auf Vorrat (...)“. Es wurde damit einerseits die Grundlage für die zügige Errichtung von Gebäuden nach den speziellen Wünschen des Eigentümers, andererseits aber auch für den modernen Plattenbau gelegt, der in der DDR im großen Stil perfektioniert wurde. Das Musterhaus konnte innerhalb von nur vier Monaten fertiggestellt werden.

Im puristisch gestalteten Haus Am Horn konzentrierte man sich auf das Wesentliche. Auf Schmuck wurde verzichtet, dafür sollte eine **zweckmäßige und moderne Wohnlichkeit** entstehen. Dabei wendete man auch das Prinzip des „Wabenbaus“ an. Ein großer Hauptraum wird von angrenzenden kleinen Räumen umgeben. Mann und Frau schlafen in getrennten Zimmern, was beiden auch die Möglichkeit geben sollte, ihr Leben unabhängig voneinander zu verwirklichen. Alte Familienstrukturen wurden dennoch (noch) nicht aufgebrochen. Das Kinderzimmer war vom Schlafzimmer der Frau aus erreichbar, unter anderem um den Gatten nicht zu stören. Zu sehen ist heute die **Originaleinrichtung** des Hauses. Die klare, schnörkellose Linienführung des Interieurs wurde von vielen Zeitgenossen als zu spartanisch angesehen.

Läuft man am Haus Am Horn vorbei geradeaus in den Park hinein, gelangt man zur **Villa Haar,** wo man sonntags ins **Café D'ESTE** (s. S. 44) einkehren kann.

› Bus: 1, 5, 6, 8 bis Wielandplatz
› Am Horn 61, www.hausamhorn.de, Tel. 583000, geöffnet: Winter Mi–Mo 10–16, Sommer Mi–Mo 10–18 Uhr,

Eintritt: 5 €, erm. 4 €. (Tipp: Das Kombi-Ticket Moderne umfasst neben dem Haus Am Horn auch das Museum Neues Weimar 37, das Bauhaus-Museum 39, das Haus Hohe Pappeln 46 und das Nietzsche-Archiv, s. S. 91, Preis: 15 €.)

20 Römisches Haus ★ [E7]

Als Goethe 1788 von seiner Italienreise zurückkehrte, war er von der antiken Architektur so angetan, dass er anregte, der neuen **Sommerresidenz Herzog Carl Augusts** die Gestalt eines Tempels zu geben. Carl August ließ dem Geheimrat mit den Worten „(...) tue, als wenn du für dich bautest" freie Hand. Goethes Ideen wurden zwischen 1792 und 1797 durch den Architekten Johann August Arens umgesetzt. Zwischen dem klassizistischen Bau und Goethes Gartenhaus 18 legte man eine Sichtachse an. Von dem auf einer Anhöhe gelegenen Gebäude hat man einen schönen **Blick über den Park.**

Obwohl von der Innenausstattung nicht viel erhalten ist, lohnen doch die prächtigen **Wand- und Deckenmalereien** einen Besuch. Zu besichtigen ist auch das Arbeits- und Schlafzimmer Carl Augusts.

In der Umgebung des aus Berkaer Sandstein erbauten Römischen Hauses sind einige der **exotischen Gewächse** des Parks an der Ilm zu finden. So zum Beispiel Virginische Zedern, Geweihbäume, Schwarznüsse und Weymouth-Kiefern. An der Duxbrücke stehen zudem Tulpenbäume, deren herbstliche Färbung besonders beeindruckend ist.

› Park an der Ilm, www.klassik-stiftung.de, geöffnet: Mi–Mo 10–18, im Sommer tgl. 10–18 Uhr, Eintritt: 5 €

21 Liszt-Haus ★★ [D6]

Der aus Ungarn stammende Klaviervirtuose und Dirigent **Franz Liszt** (1811–1886) galt schon sehr früh als Wunderkind und entwickelte sich zu einem der produktivsten und bekanntesten Komponisten des 19. Jahrhunderts. Nach Jahren rastloser Wanderschaft durch Europa kam er 1842 zum ersten Mal nach Weimar.

Großherzog Carl Alexander ernannte ihn zum Kapellmeister – eine Berufung, der er jedoch nur unregelmäßig nachkam. Seine Wege führten ihn schon bald erneut quer durch die Länder des Kontinents. 1847 lernte er in Kiew die bereits verheiratete Fürstin **Carolyne zu Sayn-Wittgenstein** (1819–1887) kennen. In ihr fand er eine Partnerin, mit der er sich über Kunst, Religion und Philosophie austauschen konnte.

Als die Fürstin 1848 in die Altenburg (s. S. 61) umzog, zog es auch Liszt zurück nach Weimar. Die darauffolgenden Jahre gelten als seine produktivsten. 1861 reiste Liszt nach Rom, um dort beim Papst der Erlaubnis für Carolyne zu Sayn-Wittgensteins Scheidung von ihrem Ehemann und die anschließende Heirat mit Carolyne zu erwirken. Nach dem Scheitern dieses Vorhabens wandte sich Carolyne von Liszt ab, der sich daraufhin in ein Kloster zurückzog. Erst 1867 reiste er erneut nach Weimar, wo er zwei Jahre später, einem Ruf Großherzog Carl Alexanders folgend, eine Wohnung im ehemaligen Haus des Hofgärtners bezog und hier Musikschüler unterrichtete.

Das heutige, sehenswerte **Museum** umfasst sein original erhaltenes Wohn- und Arbeitszimmer mit dem Bechstein-Flügel sowie Briefe und Manuskripte. In der Nähe des Hauses, im

Park an der Ilm ⑰, erinnert ein 1902 vom Bildhauer Hermann Hahn aus weißem Carrara-Marmor geschaffenes **Denkmal** an den Komponisten.

- Bus: 1 bis Bauhaus-Universität
- Marienstr. 17, www.klassik-stiftung.de, Tel. 545400, geöffnet: Ende März–Ende Okt. tgl. 10–18, Ende Okt.–Ende März Mi–Mo 10–18 Uhr, Eintritt: frei

㉒ Hauptgebäude der Bauhaus-Universität ★ [D6]

Das Bauwerk, das zum UNESCO-Weltkulturerbe gehört, entstand zwischen 1904 und 1911 nach Entwürfen des berühmten Architekten **Henry van de Velde.** Besonders beachtenswert ist das elliptische Treppenhaus, das den Besucher magisch in seinen Bann zieht. Das Gebäude war 1919 Gründungsort des Bauhauses.

Aus der Feder van de Veldes stammen auch die kleineren Gebäude gegenüber dem Liszt-Haus ㉑, die einst die Großherzogliche Kunstgewerbeschule beherbergten.

Unweit der Universität, an der Ecke zur Bauhausstraße, steht das um 1870 erbaute **Prellerhaus.** Es diente dem in Weimar verstorbenen Maler Louis Preller (1822–1901) als Atelier, später hatte van de Velde hier seine Arbeitsräume. Bauhausstudenten durften im Gebäude auch übernachten. Wohnen und kreatives Schaffen wurden so in Einklang gebracht, ein Konzept, dass später auch im Bauhaus in Dessau übernommen wurde, wo es ebenfalls ein Prellerhaus gibt.

- Bus: 1 bis Bauhaus-Universität
- Geschwister-Scholl-Str. 8, www.uni-weimar.de

⊡ *Die Russisch-Orthodoxe Kapelle mit ihren Zwiebeltürmen (s. S. 52)*

㉓ Poseckscher Garten ★ [C6]

1790 als Privatgarten des Kammerherrn **Friedrich Carl Christian von Poseck** angelegt, entwickelte sich das Areal zunehmend zu einem kleinen Stadtpark. Das einst etwas heruntergekommene Gelände wurde in den letzten Jahren aufwendig saniert und umgestaltet. Ein besonderer Anziehungspunkt ist der **Spielplatz** mit Mammutrutsche und Wollnashörnern am Museum für Ur- und Frühgeschichte Thüringens (s. S. 91).

Mittelpunkt des Parks ist das im Spiegelbrunnen befindliche **Denkmal für den Schriftsteller Ernst von Wildenbruch** (1845–1909). Die von Professor Richard Engelmann 1914 geschaffene Figur, ein Jüngling mit antikem Helm, ehrt das künstlerische Schaffen Wildenbruchs, die Sockelinschrift („Ich kämpfe nicht um anzugreifen, sondern um zu verteidigen") verweist hingegen auf seine diplomatischen Bestrebungen.

- Bus: 6, 5, 8 bis Am Poseckschen Garten

㉔ Historischer Friedhof ★★ [C6]

Hier fanden einige der bekanntesten Köpfe Deutschlands ihre letzte Ruhestätte: Der würdevolle Historische Friedhof zählt zu den bedeutendsten und schönsten Begräbnisstätten des Landes.

Der Historische Friedhof ist ein von einer Mauer umgebener **Teil des Hauptfriedhofs.** Man erreicht ihn vom Wielandplatz kommend über den Haupteingang am Poseckschen Garten ㉓. Vom Nebeneingang an der Cranachstraße aus hält man sich zunächst rechts und nimmt dann den oberen Zugang. Betritt man den Friedhof aus Richtung des Poseckschen

Gartens, gelangt man zunächst zur neoromanischen ehemaligen **Friedhofskapelle** (1880). Seit 1921 dient sie als Gedächtnishalle für die Toten des Ersten Weltkriegs. Hält man sich hinter ihr rechts und folgt dem Weg an der Mauer entlang, erreicht man die ersten Grabstätten einiger Persönlichkeiten des 19. Jahrhunderts. Als erstes sieht man das Grab von Goethes Weggefährtin **Charlotte von Stein** (1742–1827). Das Marmormedaillon fertigte Adolf von Donndorf nach einem Selbstporträt der Verstorbenen an. Es folgen die Gräber des Hofrats **Franz Kirms** (1750–1828), des Oberbaudirektors **Clemens Courdray** (1775–1845), des Bürgermeisters **Carl Leberecht Schwabe** (1778–1851), des Dichters **Johannes Falk** (1768–1826) und letztendlich die von **Goethes Schwiegertochter** und **zweien seiner Söhne.**

Goethes Ehefrau Christiane ruht auf dem Jakobskirchhof 35, der Dichter selbst in der **Fürstengruft.** Dieses in der Mitte des Historischen Friedhofs befindliche Mausoleum ließ Herzog Carl August (1757–1828) für die Verstorbenen der herzoglichen Familie errichten. Da er den Wunsch hatte, dem Dichterfürsten Weimars auch im Tod nahe zu sein, wurde 1832 auch Goethe hier beigesetzt.

Bürgermeister Schwabe ließ im Todesjahr des Herzogs zudem die sterblichen Überreste **Schillers** (1759–1805) vom Jacobsfriedhof hierher überführen. Da der finanziell nicht gerade gut gestellte Dichter in einem Gemeinschaftsgrab beerdigt war, konnten seine Gebeine jedoch nicht eindeutig identifiziert werden. Die Zweifel daran, dass Schwabe wirklich Schillers Knochen und Schädel in den Sarg legen ließ, wollte man 2008 im Rahmen eines internationalen wissenschaftlichen Projekts ausräumen. Anhand des Erbguts der Schiller-Familie entschlüsselte man den DNA-Code Friedrich Schillers und stellte fest: Die Knochen und der Schä-

030we-ms

del sind echt, nur gehörten sie leider nicht dem Dichter. Auch keines der beiden anderen im Sarkophag gefundenen Häupter ließ sich ihm zuordnen und so kommt es, dass Schillers Sarg nun leer ist. Vermutet wird, dass sein Schädel schon im 19. Jahrhundert Grabräubern zum Opfer fiel.

Links neben der Fürstengruft befindet sich die Ruhestätte von Goethes Privatsekretär **Johann Peter Eckermann** (1792–1828). Hinter der Gruft erhebt sich die mit Zwiebeltürmen verzierte **Russisch-Orthodoxe Kapelle** (1862). Das der heiligen Maria Magdalena geweihte Haus dient seit 1950 der russischen Gemeinde als Gotteshaus. In der Mausoleumskirche ruht in heimischer Erde **Großfürstin Maria Pawlowna** (1786–1859), Tochter des russischen Zaren Paul I. und Schwiegertochter Herzog Carl Augusts. Da ihr Gatte, Carl Friedrich (1783–1853), der Tradition folgend in der Fürstengruft beigesetzt wurde, schuf man einen Durchgang zu dieser, damit sie ihm auch im Tode nahe sein konnte. Hinter der Kapelle, auf der rechten Seite, steht das mit Masken und tanzenden Nymphen verzierte **Euphrosyne-Denkmal.** Gewidmet ist es der schon mit 19 Jahren verstorbenen **Christiane Becker-Neumann.** Goethe bewunderte die Schauspielerin für ihre Anmut und Ausdruckskraft. Sie wurde zum Vorbild vieler seiner dramatischen Mädchengestalten. Zum letzten Mal sah er Becker-Neumann als Euphrosyne in Joseph Weigls Oper „Das Petermännchen“. Geschockt von ihrem frühen Tod ermöglichten Goethe, Kirms und Böttiger durch das Sammeln von Geldspenden die Errichtung des Monuments. Es wurde 1950 auf den Friedhof versetzt, eine 1912 geschaffene Kopie steht unweit der originalen Stelle im Park an der Ilm **17**, nahe Goethes Gartenhaus.

Im oberen Teil des parkähnlichen, 1862 eingeweihten **Hauptfriedhofs** steht das von Walter Gropius geschaffene **Denkmal für die Märzgefallenen** (Eingang Berkaer Straße, an der Feierhalle links halten und dem Hauptweg folgen). Es erinnert an die Opfer der Niederschlagung des Kapp-Putsches, der sich gegen die Weimarer Republik richtete. Das von den Nazis als „entartete Kunst“ angesehne Original wurde zerstört, nach dem Krieg jedoch wiederaufgebaut.

› Bus: 6, 5, 8 bis Am Poseckschen Garten
› Am Poseckschen Garten, www.klassik-stiftung.de, www.rok-weimar.de, Friedhof März–Sept. tgl. 8–21, Okt.–Febr. tgl. 8–18 Uhr, Fürstengruft Ende März–Ende Okt. Mi–Mo 10–18, Ende Okt.–Ende März bis 16 Uhr, Russisch-Orthodoxe Kapelle Mi–Mo 10–15.45 Uhr, Eintritt: Friedhof und Kapelle frei, Fürstengruft 5 €

25 Villenviertel ★★ [B6]

Die Bauherren der zahlreichen, teils herrschaftlichen Weimarer Villen waren wohlhabende Bürger, die sich Ende des 19. und Anfang des 20. Jh. fernab der städtischen Enge ihr eigenes Reich schufen. Hier lebten und wirkten auch einige Künstler.

Vom Nationaltheater gelangt man über die Hoffmann-von-Fallersleben- und die Richard-Wagner-Straße in das südliche Villenviertel. Unterwegs passiert man die 1891 erbaute, an die Kathedrale von Florenz erinnernde **Herz-Jesu-Kirche** **26**.

Eines der bekanntesten Gebäude des Viertels ist die **Villa Dürckheim** in der Cranachstraße 3. Sie entstand nach einem Entwurf von Henry van de Velde in den Jahren 1912/1913. Bis 1918 wurde sie von Graf Dürckheim-

Montmartin, einem Diplomaten und Zen-Lehrer, bewohnt. 1968 bis 1989 war das herrschaftliche Haus Sitz der Kreisverwaltung der Staatssicherheit und von hohen Mauern umgeben.

350 m weiter in Richtung Südosten steht die Villa, in der von 1905 bis 1935 der Publizist, Kunstsammler und Mäzen **Harry Graf Kessler** (1868–1937) lebte (Nr. 15). Sein Ziel war es, das Museum für Kunst und Kunstgewerbe (heute Museum Neues Weimar 37) und das Nationaltheater kulturell zu reformieren und für die Avantgarde zu öffnen. Ebenfalls sehenswert sind die von Rudolf Zapfe entworfenen prächtigen Jugendstilvillen in der Cranachstraße 9 und 10.

Einen Abstecher lohnt der südöstliche Teil der Gutenbergstraße [A/B6]. Hier steht das **Palais Henneberg**, das zwischen 1913 und 1914 von **Henry van de Velde** (1863–1957) entworfen wurde. Es ist eines der wegweisenden Werke des belgischen Architekten und besticht durch seine schlichte Eleganz und die Symbiose von runder und eckiger Formgebung. Das Haus in der Gutenbergstraße 16 bewohnte der deutsch-amerikanische Maler und Grafiker **Lyonel Feininger** (1871–1956). Berühmt wurde er durch seine kubistischen Bilder. In Weimar malte er u. a. die Kirche von Gelmeroda 47. Ebenfalls von einem Maler bewohnt wurde das Haus in der Wilhelm-Külz-Straße 3. Hier lebte von 1923 bis 1925 **Wassily Kandinsky** (1866–1969). Er gilt als Wegbereiter der abstrakten Kunst.

- Bus: 6 bis Cranachstr.
- Ausdehnung: zw. Thomas-Müntzer-Straße und Gutenbergstraße

26 Herz-Jesu-Kirche ★ [B4]

Florenz ist von Weimar nicht weit entfernt – zumindest könnte man angesichts des prominent platzierten, recht dominanten Kirchenbaus am August-Frölich-Platz diesen Eindruck erhalten, ahmt dieser doch die Kathedrale der italienischen Stadt nach. Lediglich der Campanile, der freistehende Glockentrum, ist links und nicht rechts des Portals zu finden, das zudem nicht ganz so üppig gestaltet ist, und die in ihrer Größe etwas dezentere Kuppel zieren einige Erker.

Nach der Verlegung der **römisch-katholischen Pfarrei** von Jena nach Weimar im Jahr 1817 gab es Bedarf an einem neuen Gotteshaus, doch die Planungen zogen sich hin und nahmen erst gegen Ende des 19. Jh. an Fahrt auf. Erbaut werden konnte die Herz-Jesu-Kirche, nachdem im Zuge einer europaweiten **Spendenaktion** für die wachsende katholische Gemeinde, an der sich auch Franz Liszt beteiligte, genügend Gelder eingesammelt wor-

031we-ms

Stilvolle Stuckfassaden im Villenviertel

den waren. Als Architekt wurde **Maximilian Meckel** (1847–1910) auserkoren, nachdem die Entwürfe anderer Baumeister nicht die Geschmäcker des Großherzogs Carl Alexander und des Bistums trafen. Auf Meckel gehen nicht weniger als 50 Zeichnungen für Gotteshäuser zurück, für Weimar wählte er den von ihm favorisierten und zeitgemäßen **Neogotischen Stil**, gepaart mit italienischer Renaissance. Die feierliche Einweihung erfolgte am 27. September 1891.

Als Folge der Leitideen des Zweiten Vatikanischen Konzils erhielt der **Innenraum** ab 1964 ein deutlich schlichteres Aussehen. Unter anderem entfernte man den neogotischen Hochaltar und beließ im Chor nur die beiden **Reliefs** „Die Geburt Christi" und „Das letzte Abendmahl". Über diesen sind ein von Hans Gottwald (ca. 1480–1543) geschaffenes, spätgotisches **Kruzifix** und farbkräftige **Glasfenter** zu sehen. Der Ausstattung hinzugefügt wurden ein neuer Tabernakel und Schnitzfiguren der Erfurter Künstlerin **Hildegard Hendrichs** (1923–2013). Den Nebenaltar ziert eine Figur der heiligen Elisabeth von Thüringen. Im Zuge von Renovierungsarbeiten im Jahr 1998 wurde der erhabene, zur Kuppel hin offene Innenraum farblich und gestalterisch in ihren heutigen Zustand versetzt.

Nachdem die alte Orgel im Zweiten Weltkrieg beschädigt worden war und man zeitweise eine Leihorgel genutzt hatte, wurde am 8. Mai 2011 die **Franz-Liszt-Gedächtnisorgel** eingeweiht, die von der Thüringer Firma Orgelbau Waltershausen erbaut wurde. Das Instrument ist mit über 1200 Pfeifen ausgestattet.

› August-Frölich-Platz, www.herzjesu-weimar.de. Die Türen stehen Besuchern meistens offen.

Nördliche Innenstadt

27 Herderplatz ★★ [D3]

Der pittoreske Herderplatz ist sicher **der schönste Altstadtplatz Weimars**. Seit der Sanierung 2013 ist er autofrei, obwohl er historisch gesehen einen Verkehrsknotenpunkt darstellte, kreuzten sich hier doch zwei regionale Handelswege. Auf dem Markt vor der Kirche wurden Töpferwaren feilgeboten, später auch Holz. Seinen heutigen Namen trägt der Platz seit 1850, als am 106. Geburtstag **Johann Gottfried Herders** (1744–1803) eine überlebensgroße **Bronzestatue** des Dichters und Theologen eingeweiht wurde. Herder war 1776 auf Wunsch Goethes, dessen Mentor er war, nach Weimar gekommen. Unter Herzog Carl August stieg er zum Generalsuperintendenten und höchsten Geistlichen des Herzogtums auf. Auch war er Pfarrer der **Stadtkirche** 28, dem dominantesten Bauwerk des Herderplatzes. Herder wohnte im Haus Nummer 8, direkt hinter der Kirche. Erbaut wurde das später barock umgestaltete Gebäude Anfang des 16. Jahrhunderts und ist noch heute Sitz des Superintendenten.

Läuft man hinter der Kirche geradeaus, hält man direkt auf das ehemalige **Wilhelm-Ernst-Gymnasium** (Herderplatz 14) zu. Das zwischen 1712 und 1716 erbaute barocke Haus ist das älteste Schulgebäude der Stadt. Es trägt die Inschrift „Soli deo gloria" („Einzig Gott zur Ehre") und wird von einer Freitreppe dominiert.

Vor dem Haus plätschert seit 1832 der von Coudray entworfene achteckige **Herderbrunnen**. Im Stil erinnert dieser an den Goethebrunnen auf dem Frauenplan 8, nur dass das Wasser nicht durch einen Delfin ins Becken rinnt, sondern durch eine Teufelsfratze. Ein weiterer Brunnen in der Nähe mit in den Boden eingelassenen Trittsteinen zum Wassersprudeln erfreut besonders jüngere Besucher.

Dem Herderbrunnen schräg gegenüber steht das **Deutschritterhaus** (Herderplatz 16). Das sehenswerte Renaissancegebäude wurde 1566 errichtet. Über dem Portal ziert es ein Knappe, auf dem Dachgiebel ein Ritter. Einst ging hier Herzog Carl August ein und aus, um seine Geliebte, die Schauspielerin Caroline Jagemann (1777–1848) zu besuchen. Ob das Haus wirklich dem Deutschritterorden gehörte ist ungewiss. Gesichert ist hingegen, dass die geistliche Ordensgemeinschaft den am anderen Ende des Marktes, an der Ecke zur Rittergasse gelegenen Schwarzburger Hof besaß. Das altehrwürdige Gebäude wurde 1429 erstmals erwähnt und trägt seit 1810, als der ehemalige Leibkoch Anna-Amalias, François-René Le Goullon, hier ein Gasthaus eröffnete, den Namen **Sächsischer Hof.** Im modernen Gebäude gegenüber ist seit 2013 die Begegnungsstätte **Herderzentrum** untergebracht.

› Bus: 1, 2, 3, 9 bis Friedensstr./Atrium

MEIN TIPP

Herders Hausgarten

Durch den Durchgang am Herderhaus (Nr. 8) gelangt man zum dahinter gelegenen Hausgarten Herders. Diese grüne Oase mitten in der Stadt wurde nach historischem Vorbild angelegt. Neben Blumen finden sich hier auch Sträucher, Gemüsebeete und Obstbäume, denn der Pfarrgarten diente einst auch der Ernährung der Familie.

28 Herderkirche (Stadtkirche St. Peter und Paul) ★★★ [D3]

Offiziell trägt die Herderkirche den Namen Stadtkirche St. Peter und Paul. Die zwischen 1498 und 1500 erbaute dreischiffige evangelische Hallenkirche wurde im 18. Jh. durch die volkstümlichen, humanistischen Predigten Johann Gottfried Herders bekannt, denen auch Goethe und Schiller beiwohnten.

1945 wurde das Gotteshaus vom Bombenhagel getroffen, konnte aber u. a. dank der Geldspenden Thomas Manns originalgetreu restauriert werden. Bis 2015 erfolgten umfangreiche Sanierungsarbeiten, die das Haus nun wieder im alten Glanz erstrahlen lassen.

Prachtstück der 1734 bis 1745 barock umgestalteten Kirche ist der zwischen 1552 und 1555 gefertigte **Flügelaltar**, eine Auftragsarbeit für Johann Friedrich I. den Großmütigen. Bisher wurde angenommen, dass der Altar von **Lucas Cranach d. Ä.** (1472–1553) begonnen wurde. Forschungen belegen nun jedoch, dass er vollständig von dessen Sohn, **Lucas Cranach d. J.** (1515–1586), geschaffen wurde. Auf der **Mitteltafel** ist die Kreuzigung Christi dargestellt. Rechts neben dem Kreuz sind drei Männer zu sehen: Johannes der Täufer, Lucas Cranach d. Ä. und Martin Luther. Das Bild greift das protestantische Verständnis der Erlösung der Menschheit auf, die allein durch Gottes Güte und Gnade und nicht durch die Kirche erlangt werden kann. Johannes der Täufer sieht Lucas Cranach d. Ä. an, den der Blutstrahl Christi als Zeichen der Vergebung trifft. Martin Luther verweist auf die entsprechende Bibelstelle. Auf der Fahne des Lamms unter dem Kreuz steht die Innschrift „ecce agnus die qui tollit/peccata mundi" („Siehe, das ist das Lamm Gottes, das hinwegnimmt die Sünde der Welt"). Links neben dem Kreuz ist der auferstandene Christus abgebildet, der die Höllenhunde mit einem Lichtstab bezwingt. Im Hintergrund sind Mose auf dem Berg Sinai mit dem vor dem Tod flüchtenden Adam und ein Zeltlager zu sehen. Die Botschaft: Nicht die eherne Schlange des Alten Testaments, sondern das Wort Gottes bringt Erlösung. Auf den **Seitenflügeln** sind der Herzog Johann Friedrich I. mit seiner Ehefrau Sibylle (links) und ihren Söhnen (rechts) dargestellt.

Nach der Auflösung des Franziskanerklosters, das am Zeughof stand, fand das Gebäude im Jahr 1533 mit der Umbettung Wilhelms III. (genannt der Tapfere) seine Bestimmung als **Grabkirche.** Zentraler Blickpunkt im Chor ist die doppelte **Grablege von Herzog Johann Friedrich dem Großmütigen** (1503–1554) und **Herzogin Sibylla von Jülich-Kleve-Berg** (1512–1554), die in ihrer Ausrichtung Bezug auf den dahinter liegenden Altar nimmt.

Linker Hand (an der Nordwand) ist das **Grabdenkmal für Herzog Johann** (1570–1605) und **Herzogin Dorothea Maria** (1574–1617) zu sehen. Das dreigeschossige Epitaph wurde 1616 aufgestellt und kann stilistisch dem Manierismus zugeordnet werden. Zu erkennen ist dies an der überreichen Anzahl von Figuren, die jeden noch so kleinen Winkel des Kunstwerks ausfüllen. Dargestellt sind zumeist biblische Szenen, wie die Verklärung Jesu auf dem Berg Tabor. In der Mitte des Monuments führt ein Durchgang in die angeschlossene **Taufkapelle.**

Wurde durch die Predigten Johann Gottfried Herders bekannt: die Herderkirche 28

032we-ms

Folgt man der Wand weiter, so erblickt man rechts des Chorgestühls das Hochrelief zu Ehren **Lucas Cranachs d. Ä.** (1472–1553). Es wurde 1859 in der Kirche aufgestellt und mit einer neoklassizistischen Umrahmung versehen. Das eigentliche Cranach-Grab ist auf dem Jakobsfriedhof 35 zu finden.

Im Uhrzeigersinn folgen die Grabmäler der Kurfürstin Margaretha (1494–1521, mit spätgotischem Flachrelief versehen), des Herzogs Wilhelm III., der Herzogin Anna Amalia, die durch eine Grabtafel aus Lindenholz geehrt wird, und der Herzogin Margaretha (1469–1528).

Außerhalb des Chors, im Mittelschiff, ist das **Grab Johann Gottfried Herders** in den Boden eingelassen, goldgeprägt geziert vom Wahlspruch des Humanisten: „Licht – Liebe – Leben". Herder sagte über seine Weltanschauung: „Humanität ist der Charakter unseres Geschlechts. Wir bringen ihn nicht fertig auf die Welt mit (...), auf der Welt aber soll er das Ziel unsres Bestrebens, die Summe unsrer Übungen, unser Wert sein."

An der Wand rechts neben dem Chor ist der 1572 vollendete **Lutherschrein** (Luther-Triptychon) zu entdecken. Geschaffen wurde er vom Cranach-Schüler Veit Thiem. Der Reformator ist in drei entscheidenden Lebensphasen dargestellt: als Augustinermönch in Erfurt (links), als Magister (in der Mitte) und als Junker Jörg auf der Wartburg (rechts).

Bei Sanierungsarbeiten in den 1970er-Jahren kam das nur in Fragmenten erhaltene gotische Wandbild an der Westwand zu Tage. Es stammt aus der Zeit um 1500.

Die mit dem herzoglichen und dem Weimarer Wappen geschmückte **Empore** ist barocken Ursprungs.

Sagenschatz der Stadtkirche

Um die Herderkirche rankt sich so manche Sage. So soll (angeblich) im markanten, spitz aufragenden kleinen Dachreiterturm eine Glocke hängen, das sogenannte Schwedenglöckchen. Immer wenn jemand feindlich Gesinntes versuchte, in die Stadt einzudringen, fing es an zu läuten. Angeblich von ganz allein. Es warnte so 1547 die Bürger vor den Spaniern und während des Dreißigjährigen Krieges vor den Schweden. Die Skandinavier standen eigentlich schon bereit, die Siedlung einzunehmen, zogen jedoch ab, da sie meinten, durch das „Gebimmel" wäre die Stadt bereits wach und in Aufruhr.

Ebenso wird berichtet, dass die katholischen Franziskanermönche zu Beginn des 16. Jahrhunderts mit der Kirche ihre liebe Not hatten. Sie hatten vergessen, nach der Reformation ihre Kirchenschätze aus dem Gotteshaus zu entfernen. Damit diese nicht in protestantische Hände fielen, schaufelten sie einen unterirdischen Gang in Richtung Langhaus und entfernten das prächtige Inventar. Die Strafe folgte nach ihrem Tod. Eine Stunde vor der mitternächtlichen Christmette am Heiligen Abend ziehen angeblich ihre Geister durch die schmucklose protestantische Kirche. Erst der Schimmer der entzündeten Kerzen erlöst sie.

Der Schatz der Mönche ist bis heute übrigens nicht wieder aufgetaucht. Er soll unter anderem eine Kugel aus purem Gold umfasst haben. Eine Magd, die die Weihnachtsmesse der Mönche einmal störte, soll sie gesehen haben. Doch auch ohne die Kugel beheimatet die Kirche zahlreiche Schätze.

Die **Orgel** wurde 1999 in das historische Gehäuse aus dem Jahr 1812 eingesetzt.

› Bus: alle Linien bis Goetheplatz
› Herderplatz, https://weimar-evangelisch.de (Menü: „Kirchen in Weimar"/„Stadtkirche"), Tel. 851518, geöffnet: Apr.-Okt. Mo-Sa 10-18, So 11-12 und 14-16 Uhr, Nov.-März Mo-Sa 10-12 und 14-16, So 11-12 und 14-16 Uhr. Eintritt: frei, Führungen Apr.-Okt. (Turm- und Glockenführung Di 17 Uhr, Altar- und Kirchenführung Sa 16 Uhr): 3 €, Anmeldung unter Tel. 903182

29 Kirms-Krackow-Haus ★★ [D3]

Das urige **Kopfsteinpflaster des Innenhofs** und der **romantische Laubengang** des Kirms-Krackow-Hauses versetzen den Besucher in die Zeit des späten 18. Jahrhunderts, als das Anwesen durch Umbauten sein heutiges Aussehen erhielt. Im Jahr 1701 hatte die Beamtenfamilie Kirms den Renaissancehof erworben. **Franz Kirms** (1750–1826), ein Zeitgenosse Goethes und Intendant des Nationaltheaters, heirate-

Oh du fröhliche in harten Zeiten

Den in Danzig geborenen Schriftsteller und Kirchenlieddichter Johannes Daniel Falk (1768–1826) zog es mit seiner Familie 1797 auf Empfehlung Wielands nach Weimar. Ereignisse wie die Folgen der Napoleonischen Kriege inklusive der Völkerschlacht zu Leipzig und tiefgreifende persönliche Erlebnisse wie der Tod von vieren seiner Kinder lösten bei ihm Glaubenszweifel und ein verstärktes gesellschaftliches Engagement aus. „Gott hat mir meine Kinder genommen, damit ich mich den Verlorenen und Heimatlosen zuwende", so Falk.

Er wandte sich vollends von der Literatur ab und wandte sich elternlosen Kindern zu. Die ersten nahm er großherzig in seinem eigenen Zuhause auf. 1821 kaufte er schließlich den verfallenen Lutherhof auf und gründete dort ein eigenes Waisenhaus. Bereits sechs Jahre zuvor dichtete er für „seine" Zöglinge ein sizilianisches Marienlied um und nannte das neue Stück, das dem tristen Alltag Glanz und Freude verleihen sollte, „O du fröhliche". Zum ersten Mal erschien das heute als Weihnachtslied bekannte Stück 1819 in seinem Kinderliederbuch „Der Freund in der Not". Ursprünglich war das Werk jedoch dem österlichen Hochfest gewidmet.

Im heutzutage perfekt sanierten Lutherhof, in dem vermutlich tatsächlich Martin Luther während seiner Weimaraufenthalte wohnte und der Falks „Rettungshaus für obdach- und elternlose Kinder und Jugendliche" beheimatete, ist heute ein kleiner Gedenkraum für den großen Humanisten untergebracht. Dieser kann auf Anfrage besichtigt werden.

Neben Falks Weihnachtslied gibt es noch eine Verbindung der Stadt zum Heiligen Abend. 1815 war es, als der Buchhändler Johann Wilhelm Hoffmann am Vorweihnachtsabend vor seinem Laden den ersten Christbaum im öffentlichen Raum in deutschen Landen aufstellte. Zu finden war er vor dem Cranachhaus auf dem Marktplatz, gewidmet war er den armen Kindern der Stadt.

14 [D3] **Johannes-Falk-Museum,** Luthergasse 1a, Tel. 800410

te 1823 **Caroline Krackow**, die Gesellschafterin von Großherzogin Maria Pawlowna. Das Haus entwickelte sich fortan zu einem **gesellschaftlichen Treffpunkt.** Unter anderem waren hier Franz Liszt, Johann Nepomuk Hummel und Hans Christian Andersen zu Gast.

Heute ist im Gebäude eine **Ausstellung zur bürgerlichen Wohnkultur des 18. und 19. Jahrhunderts** zu sehen. Eine Wohnung ist im Stil des Biedermeier eingerichtet. Den Innenhof ziert eine alte Pumpe, deren Knauf eine angeblich von Napoleons Truppen abgeschossene Kanonenkugel bildet. Es folgen zwei ganzjährig zu besichtigende Gärten: der idyllische **Hausgarten** mit barockem Pavillon, in dem Franz Kirms seltene Apfel-, Mandel- und Maulbeerbäume und Rosen heranzog, und der **Garten des ehemaligen Bankierhauses** (Marstallstr. 3). Letzterer wurde anhand von Ausgrabungen im Stil der 1850er-Jahre rekonstruiert und ist über eine kleine Pforte erreichbar.

› Bus: 1, 2, 3, 9 bis Friedensstr./Atrium
› Jacobstr. 10, geöffnet: Museum Ende März–Anf. Okt. Fr 14–17, Sa, So 11–17 Uhr, Eintritt: 3,50 €, Gärten ganzjährig tgl. 8 Uhr bis Einbruch der Dunkelheit zugänglich, Eintritt: frei

30 Luthergasse ★ [D3]

Direkt hinter dem Kirms-Krackow-Haus 29 verläuft die Luthergasse. Im Haus Nr. 1, dem sogenannten **Lutherhof**, soll der Reformator bei seinen Aufenthalten in Weimar übernachtet haben. Belegbar ist hingegen, dass hier später die Dichter **Christoph Martin Wieland** (1733–1813) und **Johannes Daniel Falk** (1768–1826) wohnten. Letzterer verfasste hier das bekannte Weihnachtslied „O du fröhliche". In Haus Nr. 5 verbrachte Goethes spätere Ehefrau, **Christiane Vulpius**, ihre Kindheit.

Südlich der Luthergasse verläuft die pittoreske **Vorwerksgasse**, über die man zum ehemaligen Marstall 31 gelangt.

› Bus: 1, 2, 3, 9 bis Friedensstr./Atrium

31 Marstall und Kegelplatz ★ [D3]

Zwischen 1876 und 1878 erbaut, ersetzte der Marstall die alten, heruntergekommenen Stallungen der fürstlichen Residenz, hatte in der nationalsozialistischen Zeit dann aber eine düsterere Rolle, denn hier war der **Sitz der Gestapo-Zentrale.** Im Keller und der ehemaligen Remise wurden Gefängniszellen eingerichtet. Viele der zumeist **politischen Gefangenen** wurden anschließend im Konzentrationslager Buchenwald 56 interniert. In der sozialistischen Zeit waren Verwaltungseinrichtungen im Marstall untergebracht und nach der Wende zog die **zeitgeschichtliche Abteilung des Thüringer Hauptstaatsarchivs** ein. Für den Neubau des unterirdischen Magazins mussten die Verwaltungsbaracke der Gestapo und das Gefängnis abgerissen werden. Im Zuge einer nicht unumstrittenen Kunstaktion (1997–2003) wurden die ensprechenden Gebäudeteile zerkleinert. Die kieselsteingroßen Überreste zeichnen heute die Grundrisse der ehemaligen Baracken nach und sind Teil der begehbaren Skulptur **„Zermahlene Geschichte"**.

Ein Kontrast zum Marstall ist der idyllische angrenzende **Kegelplatz**, auf dem das erste deutsche **Albert-Schweitzer-Denkmal** steht, das 1968 auf Bestreben der Ost-CDU von Gerhard Geyer geschaffen wurde. Im gelben Haus schräg gegenüber ist die **Albert-Schweitzer-Gedenkstätte** 32 untergebracht.

› Bus: 1, 2, 3, 9 bis Friedensstr./Atrium
› Marstall, Marstallstr. 2, Ausstellung über die Vergangenheit als Gestapo-Gefängnis: Mo–Fr 8–16, Do bis 18 Uhr, Skulptur frei zugänglich

32 Albert-Schweitzer-Gedenkstätte ★ [D3]

Das spätbarocke Haus war einst Wohnsitz des Gymnasiallehrers Johann Carl August Musäus (1735–87), der ähnlich wie die Brüder Grimm deutsche Volksmärchen sammelte. In den 1980er-Jahren widmete man das Gebäude dann dem Leben und Werk **Albert Schweitzers** (1875–1965), obgleich er Weimar nie besucht hatte. Schweitzer war Arzt, Theologe und Afrikareisender und gründete im Dorf Lambaréné in Gabun ein Tropenkrankenhaus. Schweitzers Weltbild, das stark durch Goethe, Schiller und Nietzsche beeinflusst war, stand der menschenverachtenden Ideologie der Nazis konträr entgegen. 1952 erhielt er in Oslo den Friedensnobelpreis für seinen unermüdlichen Einsatz für verfolgte und bedrohte Menschen und für seinen Einsatz für Frieden und Freiheit. Die Ausstellung vermittelt einen Eindruck von der Vielseitigkeit Schweitzers und seiner großen Menschlichkeit sowie seiner Musikalität.

› Bus: 1, 2, 3, 9 bis Friedensstr./Atrium
› Kegelpl. 4, www.albert-schweitzer-weimar.de, Tel. 202739, geöffnet: Mai–Okt. Mo–Mi 11–17 Uhr, Do–So nach Vereinbarung, Nov.–April Mo–Mi 11–16 Uhr, Eintritt: frei

33 Goethe- und Schiller-Archiv ★★ [E3]

Das Archiv oberhalb des Kegelplatzes wurde 1896 im Stil des nahe Versailles gelegenen Lustschlosses Petit Trianon eröffnet und ist das **älteste Literaturarchiv Deutschlands** und zugleich eines der bedeutendsten. In Auftrag gab es **Großherzogin Sophie von Sachsen-Weimar-Eisenach** (1824–1897), die testamentarische Alleinerbin von Goethes schriftlichem Nachlass.

Zusammengetragen sind heute die **Nachlässe von über 130 Dichtern** und Gelehrten, darunter auch Herder, Wieland, Büchner, Liszt und Nietzsche. Auch **Goethes Nachlass** ist hier archiviert. Er gehört seit 2001 zum Weltdokumentenerbe der UNESCO und umfasst unter anderem das Original des „Faust“. Vom Platz vor dem Gebäude hat man einen schönen Panoramablick über die Innenstadt bis zum Stadtschloss 16 und zur Herderkirche 28 mit ihrem hoch emporragenden Kirchturm.

033we-ms

Das 1968 eingeweihte Albert-Schweitzer-Denkmal (s. S. 59) auf dem Kegelplatz

Ganz in der Nähe des Archivs steht die **Altenburg** (Jenaer Str. 3). Der klassizistische Bau war früher im Besitz der russischen Fürstin Carolyne von Sayn-Wittgenstein (1819–1887). 1850 zog ihr Geliebter und späterer Lebensgefährte, der Musiker **Franz Liszt** (1811–1886), entgegen aller Gepflogenheiten im Palais ein. Bis zu seiner Abreise nach Rom im Jahr 1861 entwickelte sich die Altenburg zu einem kulturellen Treffpunkt für Künstler aus aller Welt. Zum Gedankenaustausch trafen sich hier internationale Berühmtheiten wie Johannes Brahms, Clara Schumann, Friedrich Smetana, Hans Christian Andersen, Hoffmann von Fallersleben und Gottfried Semper. Heute ist in dem Gebäude das **Franz-Liszt-Zentrum** untergebracht, in dem von Zeit zu Zeit Konzerte und Ausstellungen stattfinden.

› Bus: 1, 2, 3, 9 bis Friedensstr./Atrium
› **Goethe- und Schiller-Archiv,** Jenaer Str. 1, www.klassik-stiftung.de, geöffnet: Mo–Fr 9–18, Sa, So 11–16 Uhr, Eintritt: frei
› **Altenburg,** Hans-Wahl-Str. 4, www.klassik-stiftung.de, **wird derzeit saniert**

34 Graben ★ [C3]

Den Bereich der nördlichen Altstadt und des Jakobsviertels (s. S. 62) trennt der 400 m lange Graben. Hier verlief einst die **doppelte mittelalterliche Stadtmauer** und wie schon entlang der heutigen Schillerstraße 6 gab es auch hier Gerberteiche, worauf der Name der angrenzenden Teichgasse noch heute verweist. Die Gewässer wurden mit dem Abriss des letzten Stadttors um 1800 zugeschüttet.

Um „das Frachtfuhrwesen bequemer durch Weimar zu führen", ließ Oberbaudirektor Coudray 1818 eine Chaussee anlegen. Die ältesten Häuser entlang des Grabens finden sich an der Südseite, wo sie innerhalb der Stadtmauer standen, viele der jüngeren Bauten entstanden nach Abriss des Mauerwerks im 19. Jahrhundert an der Nordseite. Später kam das Gebäude der Städtischen Sparkasse hinzu (Graben 4a), das 1913 vollendet wurde.

Nietzsche und Weimar

Friedrich Nietzsches (1844–1900) Philosophie war neu, einzigartig und wegweisend, daher jedoch auch nicht unumstritten. Als der klare Verstand des an psychischen Störungen leidenden Philosophen immer stärker nachließ, holte ihn seine zwei Jahre jüngere Schwester Elisabeth Förster-Nietzsche nach Weimar. Ihr gelang es zunehmend, sich die Kontrolle über Nietzsches Werk zu sichern. Zur Archivierung des Nachlasses gründete sie das Nietzsche-Archiv, in dem unter anderem Rudolf Steiner angestellt war.

Elisabeth Förster-Nietzsche schaffte es, sich in einer von Männern dominierten Wissenschaftswelt zu behaupten, schuf jedoch durch Brieffälschungen und Fehlinterpretationen aktiv die Grundlage für eine inkorrekte Rezeption der Werke ihres Bruders und legte den Grundstein für einen national-völkischen Nietzschekult. Die Witwe des Antisemiten Bernhard Förster entwickelte sich zu einer glühenden Hitler-Anhängerin und hatte erheblichen Einfluss auf die spätere Vereinnahmung des Philosophen durch die Nationalsozialisten.

Beachtenswert sind auch der **Löwenbrunnen**, den das Wappentier der Stadt ziert, und das 1913 eingeweihte **Johannes-Falk-Denkmal** (s. S. 58). Die Häuser mit den Nummern 1 und 13 weisen schöne Barocktüren auf. Mit floralen Elementen reich verziert ist das schöne Jugendstilhaus Graben 39. Etwas schlichter hingegen ist das ebenfalls an der Wende vom 19. zum 20. Jahrhundert erbaute Nachbargebäude.

› Bus: alle Linien bis Goetheplatz

35 Jakobskirche und Jakobskirchhof ★ [C2]

Die Gegend um die Jakobskirche liegt auf einem kleinen Hügel. Hier, oberhalb der sumpfigen Niederungen, entwickelte sich im Mittelalter eine kleine Siedlung. Mit der Ausweitung des zweiten Siedlungsgebiets an der Burg wurde die Stadtmauer angelegt und die „neue“ von der „alten“ Stadt getrennt. Das **Jakobsviertel** war nun ein „vor den Toren“ gelegenes Dorf. Hier siedelten sich hauptsächlich Handwerker an, an deren Tätigkeiten noch einige **Straßennamen** erinnern. So lebten in der Wagnergasse vermutlich Stellmacher, die Wagenräder herstellten, und am Rollplatz Färber – der Name weist auf die auch Glätterolle genannte Färbermangel hin. In der Straße, die heute den Namen Friedensgasse trägt, wohnten hingegen die Haderer genannten Lumpensammler, die Ärmsten der Armen. 1838 erfolgte die Umbenennung der Straße in Friedensgasse, da die mittlerweile anderen Gewerben

Weimarer Orts- und Straßennamen

Auch wenn die Geschichte einer Stadt schon in ferner Vergangenheit ruht, die Straßennamen lassen sie wieder aufleben, auch in Weimar. So erfahren wir, wo einst die Handwerker des Ortes sesshaft waren. Entlang der Gerbergasse wurden Tiere gehäutet und Lederwaren hergestellt. Aufgrund des eher unangenehmen Geruchs lag diese Straße einst am Rande der Stadt, ebenso wie die Seifengasse, in der die Zunft der Seifensieder ansässig war, und die Böttchergasse, aus der so manche Tonne in Richtung Stadt rollte.

Entlang der Rittergasse ist noch heute das Haus der römisch-katholischen Gemeinschaft des Deutschritterordens zu finden. Die Zeit nicht überdauert hat hingegen die Kapelle Zu unserer lieben Frau, die dem Frauenplan ihren Namen verlieh. Ebenso verschwunden ist mittlerweile der vor der Stadtmauer angelegte Wassergraben. Von ihm zeugt nur noch die Straße mit dem schlichten Namen Graben.

Ob es im Eisfeld immer kalt war, ist nicht überliefert. Frostig ging es entlang dieses Weges jedoch häufig zu, war doch dort die örtliche Gerichtsstätte zu finden. Auf eingewanderte Wenden (Slawen) verweist die Windischenstraße. Hier befand sich auch die Münzstätte Weimars. Oftmals musste das Geld in der nahen Geleitstraße wieder ausgegeben werden. Reisenden und Kaufleuten wurde dort, natürlich gegen Bezahlung, Geleitschutz für Fahrten durch die nicht immer sicheren Wälder und Felder der Umgebung angeboten.

Geld ausgeben konnte man auch auf dem Grünen Markt, dem das dort einst gehandelte Grünzeug seinen Namen gab.

nachgehenden Bewohner die Befürchtung hatten, in den Ruf des Haderns bzw. Streitens zu geraten. Gehadert wurde später trotzdem, und zwar zu DDR-Zeiten. Das dem Verfall preisgegebene Viertel sollte dem Erdboden gleichgemacht und neu bebaut werden. Zum Glück setze man das Vorhaben nur an einer einzigen Stelle um. Und so entstand in den 1970er-Jahren das im Volksmund **„Langer Jakob“** genannte Studentenwohnheim. Die schönsten Gassen des Viertels sind die Ferdinand-Freiligrath-Straße, die Kleine Kirchgasse und die Friedensgasse.

Das dominanteste Gebäude des Viertels ist die **Jakobskirche,** die ursprünglich im 12. Jahrhundert als Pilgerkirche auf dem Weg nach Santiago de Compostela erbaut wurde. Das heutige Gotteshaus stammt aus den Jahren 1712 bis 1714, nachdem das alte Gebäude wegen Baufälligkeit abgerissen werden musste. Die Emporen wurden im klassizistischen Stil ausgeführt.

Am 19.10.1806 ließen sich in der Jakobskirche nach 18 Jahren wilder Ehe **Johann Wolfgang von Goethe** und **Christiane Vulpius** trauen. Da das Kirchenschiff damals als Lazarett für verwundete Soldaten aus der Schlacht von Jena-Auerstedt diente, fand ihre Trauung in der Sakristei hinter dem Altar statt. Der heutige Kanzelaltar ist nicht mehr derselbe wie zu Zeiten Goethes, sondern wurde im Zuge einer klassizistischen Umgestaltung des Innenraums 1817 geweiht. Auffällig ist hier die markante Christusfigur, die 1817 von Johann P. Kaufmann geschaffen wurde.

Vom **Turm der Jakobskirche** hat man einen herrlichen Blick über Weimar. Um diesen genießen zu können, können die kleinen Fenster geöffnet

034we-ms

werden. Der Weg in die Turmspitze führt über teils enge und steile Treppen und vorbei an der ehemaligen Türmerwohnung und den drei Kirchglocken, von denen die älteste 1631 gegossen wurde.

Besonderer Anziehungspunkt ist der **Jakobskirchhof,** der älteste Friedhof der Stadt, auf dem sich sich 54 Gedenktafeln und Gräber befinden. Bestattet wurde hier auch **Christiane von Goethe** (neben dem eingezäunten Obelisken), deren Grabplatte einen Spruch Goethes ziert: „Du versuchst, o Sonne, vergebens, Durch die düstren Wolken zu scheinen. Der ganze Gewinn meines Lebens, Ist, ihren Verlust zu beweinen.“

Auch **Lucas Cranach d. Ä.** fand auf dem Jacobsfriedhof seine letzte Ru-

⌃ *Blick von Süden auf den Turm der Jakobskirche*

hestätte. Das Grab ist an der südlichen Kirchenmauer zu finden.

Wer sich keine Familienbegräbnisstätte leisten konnte, fand im **Pavillon des Kassengewölbes** in der Südostecke des Friedhofs einen Platz für die Ewigkeit. Neben verdienten Bürgern der Stadt wurde hier 1805 auch **Friedrich Schiller** beigesetzt. Da die Gruft ab 1823 nicht mehr genutzt wurde, verfiel sie jedoch zunehmend, wurde später zugeschüttet und abgerissen. Der umsichtige Bürgermeister und Schiller-Verehrer Schwabe rettete dabei das, was er für die Gebeine Schillers hielt und ließ diese auf den Historischen Friedhof 24 überführen. Beim Schädel entschied er sich für den größten, denn Schiller war von stattlicher Gestalt. Leider war es, wie sich später herausstellte, der falsche. Das heutige Kassengewölbe ist eine 1927 nach Originalbauplänen entstandene Kopie.

› Bus: 2, 3, 9 bis Friedensstr.
› Rollpl. 4, https://weimar-evangelisch.de (Menü: „Kirchen in Weimar"/„Jakobskirche"), Tel. 851518, geöffnet: Kirche Apr.–Okt. Mo–Sa 10–16, So 11–16 Uhr, Nov.–März Mo–Sa 10–16, So/Feiertag 13–16 Uhr, Friedhof ganzjährig tgl. 8 Uhr bis zum Einbruch der Dunkelheit, Eintritt: frei

36 Gauforum ★ [C2]

Auf halbem Wege zwischen Bahnhof und Innenstadt kommt der Besucher am Gauforum vorbei. Die überdimensionierte Anlage war eines von fünf geplanten **Verwaltungszentren des Dritten Reichs** und spiegelt in ihrem Gigantismus und ihrer unpersönlichen Architektur ganz die Ideologie Nazideutschlands wieder. Von einst fünf geplanten Gebäuden wurden bis 1944 drei fertiggestellt. Heute werden sie vom **Thüringer Verwaltungsamt** genutzt.

Die große, nicht vollendete Kongresshalle verschandelte lange Zeit als halbfertiges Provisorium das Stadtbild. Nach ihrer Sanierung zog 2005 das Einkaufszentrum **Weimar Atrium** (s. S. 100) ein. Als wirklich schön kann man das Gebäude zwar noch immer nicht bezeichnen, aber es erfüllt immerhin einen Zweck. Die zum Atrium gehörende Tiefgarage liegt unter dem 15.000 m² großen ehemaligen Aufmarsch- und Paradeplatz in der Mitte des Areals. Der

☐ *Platz des Gauforums: Längst hat Rasen den Betonboden des ehemaligen Paradeplatzes ersetzt*

036we-ms

Platz wurde begrünt, ganz nach dem Motto „Grashalme statt Militärstiefel“. Im Eingangsfoyer des Turmgebäudes informiert eine **Ausstellung** über die Geschichte des Forums.

› Bus: 1, 2, 3, 9 bis Friedensstr./Atrium
› Jorge-Semprún-Platz 1–4, www.gauforum.de, Ausstellung im Turm (Hausnummer 1): geöffnet: Mo–Fr 8–18 Uhr, Eintritt: frei

37 Museum Neues Weimar ★★ [C1]

1869 wurde das Gebäude als Großherzogliches Museum eröffnet. Zu Beginn der 1920er-Jahre war es unter dem Namen Thüringisches Landesmuseum bekannt und es fanden bedeutende Ausstellungen moderner Kunst statt. Die weltbekannten Werke, etwa von Kandinsky, Klee und Grosz, waren später am selben Ort Teil der **Nazi-Ausstellung „Entartete Kunst“**, in der die abstrakte Malerei diffamiert wurde.

Nach der Zerstörung im Zweiten Weltkrieg stand das Museum lange Zeit als Ruine da. Erst im Rahmen des Kulturhauptstadtjahrs 1999 wurde es umfassend saniert. Seit 2019 wird hier die **Dauerausstellung „Van de Velde, Nietzsche und die Moderne um 1900“** mit herausragenden Werken des Realismus, Impressionismus und Jugendstil präsentiert. Die Räume sind thematisch gestaltet und vereinen Möbelstücke und Gebrauchsgegenstände mit Gemälden. Wichtige Arbeiten sind Henry van de Veldes Armlehnenstuhl (1896/97), Max Klingers Friedrich-Nietzsche-Büste (1904) und Claude Monets „Kathedrale von Rouen“ (1894). Angeschlossen ist zudem eine **Museumswerkstatt** im Untergeschoss.

In der **Außenstelle** einem ehemaligen E-Werk ist die beeindruckende Rauminstallation **„Konzert für Buchenwald“** von Rebecca Horn zu erleben.

› Bus: 2, 3, 6 bis Carl-August-Allee
› Museum Neues Weimar, Jorge-Semprún-Platz 5, www.klassik-stiftung.de, Tel. 545400, geöffnet: Mi–Mo 9.30–18 Uhr, Eintritt: 8 €, erm. 6 €. (Tipp: Das Kombi-Ticket Moderne umfasst neben dem Museum Neues Weimar auch das Haus Am Horn 19, das Bauhaus-Museum 39, das Haus Hohe Pappeln 46 und das Nietzsche-Archiv, s. S. 91, Preis: 15 €.)
★15 [D2] **Rebecca-Horn-Rauminstallation „Konzert für Buchenwald“**, E-Werk, Straßenbahndepot, Am Kirschberg 4, geöffnet: Ende Mai–Mitte Okt. Sa, So 11–17 Uhr, Eintritt: frei

38 Carl-August-Allee ★ [C1]

Die Carl-August-Allee ist Mittelpunkt eines im 19. Jahrhundert für das wohlhabendere Bürgertum angelegten Villenviertels und führt zum 1846 eröffneten Hauptbahnhof. Auf halbem Wege passiert man den **Buchenwaldplatz**, der an die im KZ ermordeten Häftlinge erinnert. Zu sehen ist ein Denkmal des Führers der Kommunistischen Partei, **Ernst Thälmann.** Mahnmahle dieser Art standen in nahezu jedem größeren Ort der ehemaligen DDR. Die meisten von ihnen wurden entfernt. Dass dies in diesem Fall unterblieb, hat vermutlich mit Respekt zu tun, da Thälmann im nahen KZ Buchenwald 56 ermordet wurde. Gleichwohl ist Thälmann nicht unkritisch zu sehen. Zwar war er einerseits ein Gegner Hitlers, auf der anderen Seite jedoch auch Demagoge und Gegner demokratischer Prinzipien.

Baulich herausragend ist das 1864 bis 1866 erbaute **Stegmannsche Haus** in der Carl-August-Allee 9. Entworfen wurde es vom Architekten und Bauherren Carl Martin von Stegmann in Anlehnung an die italienische Renaissance. Wichtiges gestalterisches Element ist ein umlaufender Puttenfries aus gebranntem Ton.

Am Platz vor dem **neoklassizistischen Bahnhof** fällt ein Gebäude mit goldverzierter Fassade auf, das der Kaufmann Reisen im Jahr 1888 erbauen ließ. Dem Haus gegenüber befindet sich das **Hotel Kaiserin Augusta.** Hier übernachteten u. a. Thomas Mann und Arnold Zweig.

› Bus: 2, 3, 6 bis Carl-August-Allee

39 Bauhaus-Museum ★★★ [C2]

Die industrielle Revolution hatte im 19. Jh. zu einer tiefgreifenden gesellschaftlich-kulturellen Umstrukturierung geführt, die auch vor der **Architektur** nicht haltmachte. Der teils recht verschnörkelten Bauweise des Historismus, bei der man ältere Stilrichtungen kopierte, folgte die zunehmende Verwendung von Glas, Stahl und Beton. Es entstanden großartige Zeugnisse modernen Bauens wie der Eiffelturm in Paris, aber auch – wie in Berlin – zahlreiche Mietskasernen mit dunklen Hinterhöfen, die Zuzügler aus den ländlichen Regionen beheimaten sollten. Einen Gegenentwurf zu dieser Entwicklung schufen die avantgardistischen Künstler und Architekten der **Klassischen Moderne,** deren Heimstätte das Bauhaus wurde. Ihre Arbeiten waren **schlicht und zweckmäßig, aber an den Bedürfnissen der Menschen orientiert.**

Bereits mit Beginn der Regentschaft Anna Amalias Mitte des 18. Jh. spielte die Kunst eine wichtige Rolle in Weimar. Ihr Sohn Carl August gründete 1776 die Fürstliche freie Zeichenschule Weimar, die heutige Weimarer Mal- und Zeichenschule. Weitere Großherzöge taten es ihm gleich. So ließ Carl Alexander die Kunstschule errichten und Wilhelm Ernst im Jahr 1908 auf Bestreben des belgischen Architekten **Henry van de Velde** (1863–1957) die Kunstgewerbeschule. **Walter Gropius** (1883–1969), der Nachfolger van de Veldes, vereinigte beide Schulen und schuf so 1919 das **Staatliche Bauhaus,** an dem bedeutende Künstler wie **Lyonel Feininger, Paul Klee** und **Wassily Kandinsky** lehrten. Das Bauhaus prägte in den kommenden Jahrzehnten Kunst, Kunsthandwerk und Architektur in Deutschland, aber auch anderen europäischen Ländern und den USA. Architektur wurde als **Gesamtkunstwerk** begriffen, das mit den anderen Künsten interagieren sollte. Beispiele für das Neue Bauen sind Henry van de Veldes Haus Hohe Pappeln 46 und das Haus Am Horn 19.

Die konservativ-rechten Parteien lehnten das Bauhaus und seine kreativen, andersartigen Ideen jedoch vehement ab. Als die Thüringer Regierung finanziellen und politischen Druck ausübte, zog die Schule 1925 nach Dessau um. Nachdem die NSDAP dort die Wahlen gewann, erfolgte ein erneuter Umzug, diesmal nach Berlin, wo die Schule allerdings am 19. Juli 1933 endgültig von den Nationalsozialisten geschlossen wurde.

Gründungsort des Bauhauses war 1919 das heutige Hauptgebäude der Bauhaus-Universität 22. Nachdem lange Zeit eine themenbezogene Ausstellung in der alten Wagenremise am Markt untergebracht war, konnte 2019, anlässlich des 100. Geburtstages des Bauhauses, das neue Gebäude des **Museums** bezogen werden. Der schlichte, **überdimensionale Kubus,** der von horizontalen, abends

leuchtenden Glasbändern durchzogen ist, ist nicht unumstritten, passt jedoch in seiner Gestalt zur benachbarten Weimarhalle (40). Zum Schutz der wertvollen Objekte aus der Anfangszeit des Bauhauses wurde nahezu vollständig auf Fenster verzichtet. Durch einen Teil des Gebäudes zieht sich der schmal in neue Sphären emporführende Treppenaufgang „Himmelsleiter“.

Einige der **Höhepunkte der Ausstellung** sind Peter Kelers „Bauhaus-Wiege“, eine Ikone der frühen Bauhausjahre in den Grundfarben Gelb, Rot und Blau, die die Formen Kreis, Quadrat und Dreieck aufweist, das „Stillleben mit Posaune“ von T. Lux Feininger, der Barcelona-Sessel von Ludwig Mies van der Rohe und die Thonet-Freischwinger-Stühle.

Das Erdgeschoss ist der **Geschichte des Bauhauses** von 1919 bis 1933 gewidmet. Mittels eines Stadtmodells sind „Orte der Moderne“ in Weimar zu entdecken. Das erste Obergeschoss widmet sich den Themen „Der Neue

MEIN TIPP

Bauhaus-Führung

Studenten der Bauhaus-Universität (22) führen auf den Spuren des Bauhauses durch Weimar.

› **Kleiner Spaziergang:** Ende April–Ende Okt. Mi, Fr, Sa 14 Uhr, Nov.–Ende April Fr, Sa 14 Uhr, 1½ Std., 10 €, erm. 8 €, Kinder bis 14 J. gratis
› **Großer Spaziergang:** Ende April–Ende Okt. Mi, Fr, Sa 14 Uhr, 2½ Std., 16 €, erm. 11 €, Kinder bis 14 J. gratis
› beide Spaziergänge ab Bauhaus-Atelier (Geschwister-Scholl-Str. 6a), Tickets in der Tourist-Information (s. S. 121)

Mensch“ und „Experiment“, während der zweite Stock sich mit dem „Neuen Alltag“ beschäftigt und thematisch das Haus Am Horn (19) aufgreift. In der oberen Etage stehen drei Wegberei-

⌃ *Blick auf das schlicht gestaltete Bauhaus-Museum*

ter des Bauhauses im Mittelpunkt: **Walter Gropius, Ludwig Mies van der Rohe** und **Hannes Meyer.**

Das im Bauhausstil gestaltete **Museumscafé Kunstpause** serviert kleine Speisen und Getränke.

- Bus: alle Linien bis Goetheplatz
- Stéphane-Hessel-Platz 1, www.klassik-stiftung.de (unter „Museen und Orte"), geöffnet: Mi–Mo 9.30–18 Uhr, Eintritt: 10 €, erm. 7 €. (Tipp: Das Kombi-Ticket Moderne umfasst neben dem Bauhaus-Museum auch das Haus Am Horn 19, das Museum Neues Weimar 37, das Haus Hohe Pappeln 46 und das Nietzsche-Archiv, s. S. 91, Preis: 15 €.) Reservierung über die Website empfohlen.
- **Museumscafé Kunstpause:** Mi–So 10.30–17 Uhr

40 Weimarhalle und Weimarhallenpark ★ [C2]

Die **Weimarhalle** wurde in den 1930er-Jahren im Stil der **Neuen Sachlichkeit** erbaut. Während der NS-Diktatur fanden hier Massenveranstaltungen der NSDAP statt. Deutlich erfreulicher war da der Auftritt Heinz Rühmanns 1946.

Ursprünglich sollte das Gebäude saniert werden. Wärend der Baumaßnahmen entdeckte statische Mängel machten jedoch einen Abriss und Neubau (1999) unumgänglich. Es wurde darauf verzichtet, die historische Halle stilistisch zu kopieren. Heute beherbergt die Weimarhalle das **Kultur- und Kongresszentrum der Stadt.** Bisheriger Höhepunkt der Veranstaltungen war im Jahr 2001 der **Petersberger Dialog,** an dem der russische Präsident Wladimir Putin, der damalige Bundeskanzler Gerhard Schröder und Michail Gorbatschow teilnahmen. Ziel war es, die Verständigung zwischen Deutschland und Russland zu fördern.

Hinter der Halle erstreckt sich der weitläufige, 1932 umgestaltete **Weimarhallenpark,** auf dessen Schwanenseeteich in kalten Wintern schon der begeisterte Schlittschuhläufer Goethe seine Runden drehte.

- Bus: alle Linien bis Goetheplatz
- Congress Centrum Neue Weimarhalle, UNESCO-Pl. 1, www.weimarhalle.de, Park frei zugänglich

Blick von der Weimarhalle in den Weimarhallenpark

037we-ms

41 Stadtmuseum Weimar im Bertuchhaus ★ [C3]

Das Stadtmuseum Weimar ist im 1780 bis 1802 errichteten Bertuchhaus untergebracht. Benannt ist es nach seinem Erbauer, dem Unternehmer und Herausgeber der Modezeitschrift „Journal des Luxus und der Moden", **Friedrich Justin Bertuch** (1747–1822). Die Dauerausstellung informiert anhand zahlreicher Exponate über die **Geschichte der Stadt**, die **Nationalversammlung** von 1919 und das **Wirken Johann Sebastian Bachs** in Weimar. Zu sehen ist auch eine bedeutende **Textilsammlung.** Im EG finden Sonderausstellungen statt.

Unweit des Stadtmuseums, an der Ecke Karl-Liebknecht-/Schwanenseestraße, steht die **ehemalige Bürgerschule,** heute die Musikschule Johann Nepomuk Hummel. Das 1821 bis 1825 von Courdray geschaffene Gebäude beheimatete früher die erste städtische Volksschule. Sie entstand auf Initiative Goethes, der sich bei der Eröffnung durchaus entzückt zeigte: „Das Gebäude bewirkt schon selbst Cultur, wenn man es von außen ansieht und hineintritt. Die rohsten Kinder, die solche Treppen auf- und abgehen, durch solche Vorräume durchlaufen, in solchen heiteren Sälen Unterricht empfangen, sind schon auf der Stelle aller düstern Dummheit entrückt und sie können einer heitern Thätigkeit ungehindert entgegen gehen." Bis zu 600 Kinder konnten hier, streng nach Geschlechtern getrennt, unterrichtet werden.

Vor dem Haus steht ein **klassizistischer Brunnen** (1858), den ein goldener, in ein Buch vertiefter Knabe ziert. Seine Farbe erhielt der aus Zink geformte Jüngling jedoch erst im Rahmen einer Restaurierung 1987.

- Bus: alle Linien bis Goetheplatz
- **Stadtmuseum Weimar,** Karl-Liebknecht-Str. 5–9, https://stadtmuseum.weimar.de, Tel. 82600, geöffnet: Di–So 10–17 Uhr, Eintritt: 3 €, Kombikarte mit Kunsthalle Harry Graf Kessler (s. S. 91) 4 €

42 Goetheplatz ★ [C3]

Der Goetheplatz existiert in seiner heutigen Form erst seit rund 150 Jahren. Zuvor wurden hier Viehmärkte abgehalten. Nachdem die alten Scheunen und Unterstände 1797 bei einem Brand zerstört wurden, gestaltete man den Bereich an der ehemaligen Stadtmauer um, unter maßgeblicher Beteiligung **Goethes,** dessen Namen der Platz seit 1945 trägt.

Vom einstigen Befestigungswall der Stadt zeugt heute nur noch der wuchtige, vom gleichnamigen Studentenclub, dem ältesten Deutschlands, genutzte **Kasseturm.** Um 1500 wurde er als kreisförmiger Wehrturm errichtet. Im Keller lagerte Munition, die fünf Schießscharten waren mit Kanonen bestückt. Die im Jahr 1770 vom Baumeister Anton Georg Hauptmann (1735–1803) geleiteten Umbauten machten das Gebäude bewohnbar. Da Hauptmann gegenüber der Herzoglichen Kammer verschuldet war, überließ er das Gebäude zur Tilgung dem Weimarer Hof, woraufhin nach dem Brand des Stadtschlosses 1779 die herzogliche Landschaftskasse, die Finanzbehörde der Frühen Neuzeit, in das ehrfurchtgebietende Haus einzog. Fortan firmierte es unter dem Namen Kasseturm.

Ein Säulengang verbindet den Kasseturm mit einem herrschaftlichen, spätklassizistischen Gebäude aus dem Jahr 1860, in dem heute das **Kulturzentrum mon ami** (s. S. 99) untergebracht ist. An dieses schließt sich ein Säulenbau an, der 1859 nach Vorbild des Athener Nike-Tempels errichtet wurde. In ihm befand sich früher das von Großherzogin Maria Pawlowna ins Leben gerufene Lesemuseum: Die Bürger der Stadt konnten sich mithilfe von 140 verschiedenen Zeitungen kostenlos über aktuelle Ereignisse in Weimar und der Welt informieren. Vor dem Haus, in dem heute das **Stadtradio Lotte** seinen Sitz hat, steht noch immer der 1864 aufgestellte sogenannte **Lesebrunnen.** Das Wasser plätschert aus einem Löwenkopf in einen Trog aus Diorit.

Neben dem Lesebrunnen fällt ein schmuckes Gebäude auf. Es ist der ehemalige **Wintergarten des Hotel Chemnitius.** Seit seiner Errichtung im Jahr 1890 dient er als Restaurant. Unter anderem war hier 1912 Franz Kafka während seines Weimaraufenthaltes zu Gast.

Auf der gegenüberliegenden Seite des Platzes stehen die 1799 erbaute **Löwenapotheke** und das 1805 eröffnete **Grand Hotel Russischer Hof** (s. S. 127), das einst Zarenhof hieß und nach Maria Pawlownas Bruder, Zar Alexander I., benannt war. In ihm traf sich unter anderem Franz Liszt mit Clara und Robert Schumann.

In der Mitte des Goetheplatzes fällt ein einsamer, klobiger Sockel auf. Diesem ist sein 1907 gegossenes Reiterstandbild Zar Alexanders I. gewissermaßen „abhanden gekommen". Es wurde, nachdem es die Nazis an eine andere Stelle versetzt hatten, durch eine Bombe beschädigt und schließlich eingeschmolzen.

Am Platz befindet sich auch die sehenswerte **Kunsthalle Harry Graf Kessler** (s. S. 91).

› Bus: alle Linien bis Goetheplatz

43 Geleitstraße ★★ [C3]

Die Geleitstraße führt vom Goetheplatz 42 in Richtung des Herderplatzes 27. Benannt ist die Gasse nach dem **Geleithaus** (Ecke Scherfgasse). In dem 1574 errichteten Gebäude hatte bis 1817 das Geleitwesen seinen Sitz. Dieses sicherte den Reisenden gegen die Zahlung eines Geleitgelds die sichere Reise auf den Wegen des Herzogtums und den Schutz vor Wegelagerern durch Begleitschutz zu. Im Obergeschoss war zudem das Rentenamt, also die herzogliche Finanzverwaltung, untergebracht.

Vor dem Geleithaus, im Geleitwinkel, steht der **Geleitbrunnen.** Das Monogramm „MP" verweist auf die Großherzogin Maria Pawlowna, der es zu verdanken ist, dass ab 1847 viele der Weimarer Laufbrunnen saniert bzw. neu errichtet wurden (s. S. 21). Das Wasser strömt beim Geleitbrunnen aus dem Mund eines Delfins, eine verzierte Vase darüber dient als Schmuck.

Dem Brunnen gegenüber ist ein prächtiges **Fachwerkhaus** zu sehen. Erbaut wurde es 1560 als Speicher und mondänes Wohnhaus eines Waidhändlers, der die vor allem in der Region Erfurt angebaute, blau färbende Kulturpflanze des Färberwaids vertrieb. Besonders beachtenswert ist der zur Geleitstraße zeigende Schaugiebel mit zahlreichen Andreaskreuzen. Zu Beginn des 18. Jahrhunderts wohnte hier der in Weimar geborene Kirchenlieddichter **Salomon Franck** (1659–1725). Infolge eines Brandes diente das Haus zeitweise als Ratskeller. Heute beherbergt es erneut eine Gaststätte und trägt seit Kurzem auch wieder seinen alten Namen „(Watzdorfer) Geleitschenke" (s. S. 94).

Neben dem Gebäude führt die Scherfgasse zum **Palais Schardt** (s. S. 92), dem Elternhaus Charlotte von Steins. Charlottes Vater, Johann Wilhelm Christian von Schardt, war einer der höchsten Beamten des Hofes. Im achteckigen, barock verzierten Pavillon des Gartens traf Goethe höchstwahrscheinlich zum erstem Mal Charlotte. Das Palais Schardt ist heute ein Museum mit Scherenschnitt-, Puppenstuben- und Puppenausstellung, Festsaal, Duftgarten und kleinem Café. Zudem gibt es hier stilvolle Tagungsräume.

› Bus: alle Linien bis Goetheplatz

Sehenswertes außerhalb

44 Oberweimar und Ehringsdorf ★

Am Südende des Parks an der Ilm 17 liegt das 1922 eingemeindete Dorf **Oberweimar.** Im 13. Jahrhundert gründeten die Grafen von Orlamünde hier ein Nonnenkloster, vom dem die gotische **Kirche St. Peter und Paul** noch erhalten ist. Der heutige Bau wurde 1361 vollendet, der Fachwerkturm stammt aus dem 16. Jahrhundert. Unter der Leitung von Johann Adolf Richter erfolgte die barocke Umgestaltung des Innenraums. Im Zuge von Renovierungsarbeiten Ende des 19. Jahrhunderts wurden im Altarraum Fresken der heiligen Ursula und des heiligen Antonius freigelegt. Der Altar mit einer Darstellung des Abendmahls stammt aus dem Jahr 1733. Der Flügelaltar an der südlichen Chorwand wurde hingegen bereits 1572 vom Cranach-Schüler Veit Thiem gefertigt. Zu sehen ist der auferstandene Christus als Sieger über den Tod und den Teufel.

Beachtenswert ist das gotische Portal der Südseite. Es besitzt ein noch von der Vorgängerkirche stammendes Relief (Tympanon). Im Mittelpunkt der Darstellung ist der sitzende Christus mit den Wundmalen zu sehen. Aus seinem Gesicht ragen die „Schwerter des Zorns“, die auf die Offenbarung des Johannes verweisen – symbolisch dafür, dass der Auferstandene die Welt mit seinem Wort richten wird. Links und rechts des Reliefs sind Skulpturen der Schutzpatrone der Kirche, Petrus und Paulus, zu sehen.

Unweit des Gotteshauses steht **das Deutsche Bienenmuseum** 45, das sehr anschaulich die Geschichte der Bienenzucht erläutert. Neben dem Museum führt die 1720 errichtete Steinbogenbrücke über die Ilm in Richtung **Ehringsdorf.** Am Ortsrand befinden sich das **Schloss Belvedere** 48 und das **Haus Hohe Pappeln** 46. Bekannt wurde Ehringsdorf durch seinen **Travertin-Steinbruch.** Neben Süßwasserkalken mit Blatt- und Fruchtabdrücken fand man hier 1908 die fossilen Überreste des **Ehringsdorfer Urmenschen,** dessen Alter auf 120.000 bis 200.000 Jahre geschätzt wird. Das unter Schutz stehende Freigelände des Steinbruchs kann besucht werden (Ab Ortsmitte in den Hainweg. Dem Trampelpfad am Zaun der Firma TRACO nach rechts folgen. Es gibt Schautafeln.). Für archäologisch Interessierte ist auch ein Besuch des in Weimar ansässigen Museums für Ur- und Frühgeschichte (s. S. 91) absolut empfehlenswert.

› Bus 1 bis Ehringsdorf, Am Anger

Geologie

Der Travertin (ein Kalkstein) des Weimarer Ortsteils Ehringsdorf wird seit dem 18. Jahrhundert gebrochen. Besonders bemerkenswert sind die archäologischen und paläontologischen Funde wie fossile Pflanzen, Tierknochen und Steinwerkzeuge. Sumpfschildkröte, Höhlenlöwe, Waldelefant, Waldnashorn, Mammut und Ren waren während der humiden Warmzeiten im Pleistozän vor 190.000 bis 240.000 Jahren hier beheimatet, ebenso wie der frühe Neandertaler, der Ehringsdorfer Urmensch.

Auch der als Bergwerksverwalter (Bergrat) tätige Johann Wolfgang von Goethe wusste Weimars geologische Wunderkammer zu schätzen, wenngleich er sich am Ende eher für Granite interessierte. Insgesamt soll seine Gesteinssammlung, die auch Fossilien wie einen zwei Meter langen Elefantenstoßzahn und ein Kranichei umfasste, aus unglaublichen 17.800 Fundstücken bestanden haben. Zu Ehren des Geheimrats erhielt später das Mineral Goethit seinen Namen. Erstaunlicherweise wurde es nicht nur auf der Erde, sondern auch auf der Marsoberfläche nachgewiesen, (vermutlich) ganz ohne Zutun des äußerst umtriebigen Goethe.

038we-ms

45 Deutsches Bienenmuseum ★

Nachdem im 19. Jahrhundert in Deutschland die ersten Imkervereine gegründet worden waren, entstand ein solcher 1837 auch in Weimar. Da die moderne Zeit auch vor der Imkerei nicht Halt machte, drohte zunehmend der Verlust der historischen, künstlerisch wertvollen Bienenkästen. Ferdinand Gerstung und August Ludwig erkannten dies und gründeten 1910 das erste Bienenmuseum Deutschlands.

Untergebracht war es zunächst im Poseckschen Haus, zog jedoch 1956 in den ehemaligen Gasthof Goldener Schwan nach Oberweimar um.

Die interessante Dauerausstellung verrät viel über das **Leben der Bienen** und die **Geschichte der Imkerei.** Zu sehen sind u.a. Figuren- bzw. Klotzbeuten, also geschnitzte Bienenstöcke in Gestalt von Menschen und Tieren. Es gibt einen gut sortierten **Hofladen** und eine **Gaststube.** Besonders mundet hier der köstliche Bienenstich. Lohnend ist auch ein Besuch des Bienenweidegartens und des Museumsinnenhofes.

› Bus 1 bis Plan Oberweimar

› Ilmstr. 3, www.lvti.de/dbm, Tel. 901032, geöffnet: Apr.–Okt. Di–So 10–18, Jan.–März Di–So 10–17 Uhr, Eintritt: 4 €, erm. 3 €, Familien 8,50 €

46 Haus Hohe Pappeln ★

Der belgische Stararchitekt **Henry van de Velde** wurde 1902 als künstlerischer Berater und Leiter der Kunstgewerbeschule von Großherzog Wilhelm Ernst nach Weimar geholt. Das

◁ *Im Hof des Bienenmuseums*

Haus Hohe Pappeln ist sein ehemaliges Wohnhaus, das zwischen 1907 und 1908 entstand. Erbaut wurde es nach dem im 19. Jahrhundert geprägten Gestaltungsleitsatz **„form follows function“** („Die Form folgt der Funktion“). Konkret bedeutete dies für das Haus, dass die innere Struktur und der Zweck der Räume die äußere Gestalt vorgaben. Das Gebäude verstand van de Velde dabei als eine Art Organismus, in dem jedes Zimmer seine eigene, besondere Funktion hatte, wobei die Wohndiele als Kreuzungspunkt und somit als Herz zu verstehen war. Zu besichtigen sind die Wohnbereiche und der Garten. Ausgestellt sind außergewöhnliche Möbelstücke aus dem Frühwerk des Künstlers.

› Bus 1 bis Papiergraben
› Belvederer Allee 58, www.klassik-stiftung.de, Tel. 545400, geöffnet: Sommer Mi–Mo 10–18, Winter Mi–Mo 10–16 Uhr, Eintritt: 5 €. (Tipp: Das Kombi-Ticket Moderne umfasst neben dem Haus Hohe Pappeln auch das Haus Am Horn 19, das Museum Neues Weimar 37, das Bauhaus-Museum 39 und das Nietzsche-Archiv, s. S. 91, Preis: 15 €.)

47 Gelmeroda ★

Wer von der Autobahn A4 am Abzweig Weimar abbiegt, kommt unweigerlich durch das kleine Dorf Gelmeroda. Die Hauptattraktion des Ortes ist unweit der Straße schnell zu entdecken: die **Dorfkirche.** Ihr markanter, spitzer Turm wurde genau über dem Chor errichtet, dessen älteste Teile aus dem 13. Jahrhundert stammen. Später erfolgte eine Erweiterung nach Osten und letztendlich im 14. und 15. Jahrhundert ein Neubau des Langhauses. Die Kirche mit ihrem harmonischen Erscheinungsbild ist schön anzusehen, was auch der amerikanische Maler **Lyonel Feininger** (1871–1951) zu schätzen wusste. Feininger zog 1919 nach Weimar, wo er den Posten des Leiters der grafischen Werkstatt des Staatlichen Bauhauses übernahm. Die Gelmerodaer Kirche gehörte zu seinen Hauptmotiven. Über zwölfmal malte er das Gotteshaus, zudem existieren um die 100 Zeichnungen, Drucke und Aquarelle. Die Werke wirken, als hätte man die Kirche durch einen Kristall oder Glasbruchstücke betrachtet. Kein Wunder, meinte doch Feininger selbst einmal: „Meinen Kubismus nenne ich lieber Prismaismus“. Kopien der Werke sind in dem Gotteshaus ausgestellt. Lediglich das Original des 1928 entstandenen „Gelmeroda XI“ ist im Besitz der Kunstsammlungen Weimar und im Bauhaus-Museum 39 ausgestellt. Weitere Originale sind unter anderem im Guggenheim Museum und dem Metropolitan Museum of Art in New York City zu sehen. Nachts wird die Kirche durch eine **Lichtinstallation** selbst zum Kunstwerk.

Eine weitere, diesmal unscheinbarere Sehenswürdigkeit ist das **Neufert-Haus.** 1929 entwarf Architekt Ernst Neufert (1900–1986) das exakt 10 x 10 Meter große Gebäude im Stil eines „Holzversuchshauses nach amerikanischem Vorbild“. Es kam eine Holzskelettbauweise mit vorfabrizierten Elementen zur Anwendung. Neuberts Ziel war es, eine rationalisierte industrielle Fertigung von Bauteilen zu ermöglichen. Funktionalität, modernes Bauen, ökonomische Wirtschaftlichkeit und Ökologie sollten Hand in Hand gehen.

› Bus 6, Dorfkirche tgl. 8–16, im Sommer 8–20 Uhr
★16 **Neufert-Haus,** Rudolstädter Str. 7, www.neufert-stiftung.de/de/neufert-haus

48 Schloss und Park Belvedere ★★★

Mit dem Beginn der Renaissance wurde es dem Adel etwas zu eng in seinen städtischen Residenzen. Um dem Wunsch nach mehr Freiraum und Natur nachzukommen, begann man mit dem Bau von Lustschlössern. Hierhin konnte man sich ungestört zurückziehen und dem Müßiggang frönen. Zur Unterhaltung fanden Tänze, Konzerte und Jagden statt. In Weimar gab es mit Ettersburg 55, Tiefurt 51 und Belvedere gleich drei Anlagen, die dem herzoglichen Vergnügen dienten. Belvedere ist dabei gewiss die schönste der Sommerresidenzen.

Errichtet wurde sie ab 1724 auf Geheiß **Herzog Ernst Augusts** in Anlehnung an das Schloss Belvedere in Wien. Da der Nachbau auf einer Anhöhe mit Panoramablick entstand, konnte der Name Belvedere („Schöne Aussicht") beibehalten werden.

Betritt man heute das Gelände, so wird man meist mit Musik empfangen, da die meisten der Kavaliershäuser, in denen einst der Hofstaat lebte, und ein moderner Anbau von der **Hochschule für Musik Franz Liszt** als Übungs- und Lernräume genutzt werden. Die einzelnen Gebäude tragen die Namen von vier berühmten Komponisten: Beethoven, Bach, Mozart und Haydn.

Zwischen den Kavaliershäusern sind die **Schlossfontäne** und das **Hauptgebäude** zu finden. In der barocken Schlossanlage ist das **Rokokomuseum** untergebracht. Gezeigt werden kunsthandwerkliche Schätze aus dem 17. und 18. Jahrhundert wie Porzellan, Gläser und Fayencen sowie Möbel und Textilien. Aus dem 19. Jahrhundert stammen die Fliesen im Delfter Blau im Eingangsbereich. Sie weisen holländische Motive wie Windmühlen und Segelschiffe auf.

In Blickrichtung Hauptgebäude sind rechts der 1843 angelegte **herzogliche Irrgarten** und das 1823 erbaute **Heckentheater** zu finden. Zwischen ihnen erstreckt sich in einem

Herzögliche Sommerresidenz: das Schloss Belvedere

Blick auf die Orangerie des Schlosses

abgetrennten Bereich der **Russische Garten.** Die von hohen Hecken umgebene Anlage ist eine verkleinerte Ausgabe des Privatgartens des Zaren in Pawlowsk. Anlegen ließ ihn 1811 bis 1815 Erbgroßherzog Carl Friedrich für seine Gemahlin, die Zarentochter Maria Pawlowna. Der Garten mündet im Heckentheater, wo 1824 die erste Aufführung stattfand.

Hält man sich nun vor dem Hauptgebäude links, gelangt man zur 1740 begonnenen und 1760 sowie 1808 erweiterten **Orangerie.** Die exotischen Gewächse, die im Winter in den Treibhäusern unterstehen, verleihen dem Garten im Sommer eine besondere Note. Zwischen 1820 und 1826 erschien ein eigener Katalog über die Pflanzenschätze der Anlage, der Hortus Belvedereanus. Verfasser war der in Weimar geborene Apotheker und Botaniker **August Wilhelm Dennstedt** (1776–1826). Der an die Orangerie angrenzende **Rote Turm** wurde erst zwischen 1818 und 1821 aus dem Garten des Wittumspalais hierher umgesetzt. Goethe und Großherzog Carl August nutzten ihn für naturwissenschaftliche Studien. An das Gebäude grenzt der harmonisch gestaltete **Blumengarten** mit Pavillon an. Hier beginnt die parallel zum Hang verlaufende, rund 400 Meter lange Lindenallee.

Jenseits der Allee erstreckt sich hinab zu den Ufern des Possenbachs die im englischen Stil angelegte weitläufige **Parkanlage.** Ihr heutiges Aussehen erhielt sie zwischen 1842 und 1850 nach Plänen Fürst Pückler-Muskaus. Dem romantischen Zeitgeschmack entsprechend wurden u.a. künstliche Grotten und Ruinen geschaffen. Weitere gestalterische Elemente sind beispielsweise die Mooshütte mit dem Moosbassin, der Gelehrtenplatz mit Büsten des Weimarer Viergestirns, die mit Büsten des Großherzogs Carl August und der

040we-ms

Großherzogin Louise verzierte Rosenlaube, die große Fontaine mit Grotte und Wasserfall, der Obelisk und das Eishaus.

Der **Eiszeitstein** am Parkplatz markiert die südlichste Grenze der Maximalausdehnung der quartären Elsterkaltzeit vor 400.000 bis 320.000 Jahren. Da die Stele 1976 aufgestellt wurde, ist die Grenze auf einer bronzenen Karte der DDR eingezeichnet.

Wer etwas Zeit mitbringt, kann eine Wanderung zum **Hainturm** unternehmen. An der Orangerie vorbei geht es hinab zum Possenbach. Diesen kreuzt man bei der ersten Gelegenheit und folgt dem Hang hinauf zur Pfeiffers Ruh (Spielplatz), von dieser aus sind es noch 300 m bis zum knapp 14 m hohen Turm im Wald. Den Befehl für seinen Bau gab Großherzogin Maria Pawlowna 1828.

› Bus 1 bis Belvedere
› Weimar-Belvedere, www.klassik-stiftung.de, Tel. 545400, geöffnet: Schloss Sommer Di–So 10–18, Nebensaison 11–17 Uhr, Winter geschlossen, Park ganzjährig, Orangerie Sommer (Anf. Juni–Mitte Sept.) Di–So 10–18 Uhr, Langes Haus der Orangerie nur März Sa, So 11–17 Uhr, Eintritt: Schloss 7 €, Park und Orangerie gratis

49 Buchfart und Bad Berka ★

Südlich von Weimar, in einem imposanten Durchbruchstal der Ilm, liegt das Ausflugsziel **Buchfart.** Der kleine Ort ist besonders bekannt für seine 43 Meter lange, überdachte Holzbrücke über den Fluss, die zwischen 1816 und 1818 erbaut wurde. Zu finden ist sie in unmittelbarer Nähe der **Pfeiffers-Mühle**, einer historischen Wassermühle mit Hofladen (Brot, Süßes, Selbstgebrautes). Interessant ist auch die **gotische Dorfkirche** aus dem 14. Jahrhundert.

Auf noch ältere Zeiten verweisen der Name des Ortes, der mit „Furt im Buchenwald“ zu übersetzen ist, und die **Felsenburg** in den Klippen oberhalb der Siedlung. Die aus 12 Kammern und Gängen bestehende Höhlenanlage ist 40 Meter über dem Tal in den Kalksteinhängen zu finden. Angelegt wurde die Festung bereits im 10. Jahrhundert. Zu ihr, wie zu den Bergen der Umgebung, führen malerische **Wanderwege.** Beliebte Ziele sind der Heilige Berg und die Balsamine.

Ein Hauch von Venedig in Bad Berka

041we-us

Nur fünf Kilometer entfernt liegt der Kurort **Bad Berka.** Ging es landschaftlich in Buchfart noch um Buchen, so verweist der Ortsname Berka auf einen Wald mit Birken. Auf Veranlassung **Herzog Carl Augusts von Sachsen-Weimar** erfolgte 1813 die Gründung eines Schwefelbades. Die schwefelhaltige Quelle versiegte jedoch recht bald, sodass ein im Jahr 1807 von Goethes Diener und Sekretär Ludwig Geist entdeckter Quell in den Fokus rückte. Der auf Grund der eisenhaltigen mineralischen Zusammensetzung als „Stahlquelle" bekannte Brunnen wurde fortan für Kuren genutzt und trägt heute, da der Herr Geheimrat wie so oft seine „Finger mit im Spiel" hatte, den Namen **Goethebrunnen.** 1909 wurde um den Brunnen herum ein Pavillon errichtet. Dessen Mitte ziert seit 1949 eine Skulptur des Bildhauers Bruno Eyermann. Im 1835 errichteten **Stahlbadehaus** (Goetheallee 3) haben heute die Tourist-Information und die Kurverwaltung ihren Sitz.

Auch das **Bade- und Gesellschaftshaus für Kurgäste** des Orts in der Parkstraße 16 wurde auf Betreiben Goethes errichtet. Dieser leitete auch die Wiederaufbaumaßnahmen nach einem Stadtbrand. 1817 konnte so auch ein neues **Rathaus** eingeweiht werden. Dieses trägt wie auch der **Markt** klassizistische Züge und die Handschrift des großherzoglichen Baumeisters **Coudray.** Unweit des Mittelpunkts der Stadt, in Richtung Kirche, ist das **Goethehaus** zu finden (Am Goethehaus 1, Gedenktafel am Haus). Wohnhaft war hier der Pädagoge und Organist Heinrich Schütz, der den Geheimrat bei seinen Besuchen vor Ort bewirtete.

Die evangelische **Stadtkirche St. Marien** wurde auf dem Gelände eines

MEIN TIPP

Ausflugslokale

Ein beliebtes Ausflugsziel ist das Restaurant Balsamine. Das Waldgasthaus kann auf eine hundertjährige Tradition verweisen und bietet neben dem Panoramablick über das Tal typische Thüringer Küche.

17 Balsamine €€, Am Schlossberg 50, Buchfart, www.waldgasthaus-balsamine.de, Tel. 03643 9087691, geöffnet: Mi–So ab 11 Uhr

Der Gasthof Zum Lindenbaum bietet hervorragende Thüringer Küche, besitzt einen wundervollen Biergarten und ist Ausgangspunkt für Wanderungen. Für diese kann auch ein Picknickkorb bestellt werden (http://ilmtal-picknick.de, Bestellung zwei Tage vorab unter Tel. 036458 48476)

18 Zum Lindenbaum €€, Im Dorfe 15, Hetschburg, www.zumlindenbaum.de

einstigen Zisterzienserinnen-Klosters errichtet. Der Innenraum weist barocke Züge auf. Vom Zentrum aus ist über den **Goethepark**, dessen Anlage vom Geheimrat höchstpersönlich angeregt wurde, der **Paulinenturm** auf dem 416 Meter hohen Adelsberg zu erreichen. Seit 1884 ist das 26 Meter hohe Bauwerk ein beliebtes Ausflugsziel. 173 Stufen führen im runden Turminneren empor zum Panoramablick auf das Thüringer Land.

Für Familien lohnt zudem ein Ausflug in das angrenzende Dorf **München** (kein Scherz), wo das Rittergut auch einen kleinen Streichelzoo beheimatet.

› Bus 229 (45 Minuten), mit dem Pkw über Schloss Belvedere (15 Minuten, 10 km). Nach Bad Berka besteht eine Bahnverbindung (30 Minuten). Durch beide Orte verläuft der Ilm-Radweg.

19 Pfeiffers-Mühle, Schenkgasse 23, www.buchfarter-muehlenladen.de, Tel. 03643 775776, Mühlenladen geöffnet: Fr 10–18 Uhr, Sa, So 12–17 Uhr (mit Schaubacken)

•**20 Rittergut München,** Tonndorfer Str. 3–4, www.rittergutmuenchen.com, Tel. 036458 633559, geöffnet: Di–So 11–17 Uhr

50 Wasserburg Kapellendorf ★★

Ca. 15 Minuten östlich von Weimar in Richtung Jena ist die stattliche Wasserburg Kapellendorf zu finden. Verwaltet wird das Anwesen allerdings von der 15 Minuten westlich, also in der Gegenrichtung gelegenen Landeshauptstadt Erfurt aus. Grund für diese eigenwillige administrative Zugehörigkeit ist, dass die Anlage zwischen 1348 und 1509 schon einmal im Besitz Erfurts war, was wohl auch den Anlass dafür gab, dass ein Erfurter Bürger das Gemäuer 1929 erwarb und es ein Jahr später dem Erfurter Verein für die Geschichte und Altertumskunde übertragen wurde.

300 Jahre nach der Gründung des Ortes „Capelladorf" im Jahr 833 wurde vom **Burggrafen von Kirchberg** eine erste Burg angelegt. Reste der ersten Anlage aus dem 12. Jahrhundert sind noch erkennbar. 1446 übertrug die Stadt Erfurt dem **Raubritter Apel Vitztum dem Älteren von Roßla** die Burg und beauftragte ihn mit dem Schutz ihrer Kaufleute. Die Aufgabe führte dieser nur mäßig gut aus und beschäftigte sich lieber damit, von der Festung aus die Umgebung zu brandschatzen. Seither trägt Kapellendorf auch den Beinamen „Raubritterburg".

1509 wurde Kapellendorf an den Wettiner **Friedrich den Weisen,** Kurfürst von Sachsen, verpfändet, der die Anlage erweitern ließ und zum Amtssitz erhob. 1806 diente sie als **Hauptlager der preußischen Truppen** in den Schlachten bei Jena und Auerstedt.

Trotz zahlreicher Umbauten und Erweiterung ist die aus Ringmauer, Wassergraben und mittelalterlichem Wohnturm bestehende Anlage hervorragend erhalten und kann besichtigt werden.

› Erreichbar mit dem Pkw über die B 7 oder mit dem Bus (Linie 291)
› Am Burgplatz 1, Kapellendorf, www.thueringerschloesser.de/objekt/wasserburg-kapellendorf, geöffnet: Di–So 10–12 und 13–17 Uhr

51 Schloss und Park Tiefurt ★★

Kommt man in das 3 km nordöstlich der Innenstadt gelegene, idyllische Örtchen Tiefurt, so wird man gewiss zunächst alles Mögliche entdecken, nur kein **Schloss.** Dieses gibt sich klein und bescheiden und steht unauffällig neben der zum stilvollen Restaurant umgestalteten Alten Remise (s. S. 80). Das Schloss wurde zunächst vom Pächter der herzoglichen Anwesen bewohnt, bis es 1776 zum Wohnsitz von **Prinz Friedrich Ferdinand Constantin** umgestaltet wurde. Nach dessen Abreise 1780 verlegte **Herzogin Anna Amalia** ihren Sommersitz hierher. Fortan entwickelte sich das alles andere als mondäne Häuschen zu einem **Zentrum des kulturellen Lebens.** Aufführungen und literarische Abende fanden statt und Goethe, Schiller, Wieland und Herder waren oft zum Essen, geselligen Beisammensein und geistigen Austausch zu Gast. Über das gesellschaftliche Treiben berichtete sogar eine eigene Zeitung, das

„Tiefurter Journal", dessen Herausgeberin Anna Amalia höchstpersönlich war.

Die geschmackvolle **Ausstattung** der Räume des Schlosses ist größtenteils im Original erhalten. Zu sehen sind neben gediegenem Mobiliar auch kostbare Porzellane aus China, Meißen und Fürstenberg, Aquarelle von Johann Georg Schütz und Skulpturen und Büsten von Gottlieb Martin Klauer. Eine Besonderheit ist die **Schlossküche.** Sie ist mit Gerätschaften aus dem 18. Jahrhundert bestückt und vermittelt den Eindruck, als ob der herzogliche Leibkoch gleich um die Ecke käme.

Der angrenzende, 21 Hektar große **Tiefurter Landschaftspark** wurde im englischen Stil entlang einer Flussbiegung der Ilm angelegt. Er ist ein idealer Ort, um die Seele baumeln zu lassen und ausgedehnte Spaziergänge zu unternehmen. Dem Schloss gegenüber steht der 1805 im Fachwerkstil erbaute **Teesalon.** Läuft man von ihm aus rechts hinab zum Wasser gelangt man zum **Mozart-Denkmal**, dem ersten Deutschlands. Es wurde 1799 geschaffen. Zu sehen ist ein Stein in Gestalt eines Altars. Auf diesem ruhen zwei Theatermasken, die an eine Lyra (antikes Saiteninstrument) als Symbol für die Musik gelehnt sind. Geschaffen wurde das Denkmal im Auftrag von Herzogin Anna von Hofbildhauer Martin Gottlieb Klauer Amalia anlässlich der Aufführung von Mozarts Oper „Die Zauberflöte", von der auch Goethe beeindruckt war.

Folgt man nun dem Fluss nach Norden, gelangt man zum 1803 erbauten **Musentempel** in Zentrum des Parks und dem **Naturtheater** Anna Amalias. In diesem führten Bürgerliche und adlige Gäste Laienstücke auf, zu denen auch das gewöhnliche Volk geladen war. Am Flussufer

⌃ *Das kleine Schloss in Tiefurt*

Blühende Pracht hinter der Christopheruskirche in Tiefurt

MEIN TIPP

Alte Remise

Dort, wo einst Kutschen und andere Fuhrwerke standen, ist heute ein Restaurant untergebracht. Man sitzt in historischem Ambiente und genießt wohlschmeckende Thüringer und internationale Kost. Auch vegetarische Gerichte stehen auf dem Speiseplan. Der Saal kann für Veranstaltungen gebucht werden.

1 **Alte Remise** €€, Hauptstraße 14, Tiefurt, Tel. 908116, www.alte-remise-tiefurt.de, geöffnet: So–Do 12–21, Fr, Sa 12–22 Uhr

wurde hier Goethes Singspiel „Die Fischerin" uraufgeführt. Am anderen Flussufer, zu dem man nur über einen Umweg gelangt, sind der **Kenotaph** (leeres Gabmahl) für Prinz Constantin und der höchste Punkt des Parks zu finden. Diesen bildet die 1776 aus Kalkstein geschaffene **Vergilsgrotte** (auch Vergil-Grab genannt). Sie ehrt den römischen Dichter Vergil und erinnert zugleich an die Vergänglichkeit des Lebens.

Zwei **Gedenksteine** erinnern an **Herder** (hinter dem Teesalon) und **Wieland** (am einstigen Lieblingsplatz des Dichters am anderen Ufer der Ilm, gegenüber dem Mozart-Denkmal). Ein dritter Stein wurde am rechten Ilmufer in Gedenken an Anna Amalias jüngsten Bruder, den 1785 im Alter von 33 Jahren verstorbenen **Prinzen Leopold von Braunschweig-Wolfenbüttel**, errichtet. Leopold, der preußischer Offizier war, ertrank bei Rettungsarbeiten im Zuge eines Hochwassers der Oder bei Frankfurt.

Unweit des Schlosses, hinter einem fotogenen **Bauerngarten**, ist die kleine **dem heiligen Christopherus geweihte Kirche** zu entdecken. In ihrem Ursprung geht der Bau auf das 13. Jahrhundert zurück. Im 18. Jahrhundert erfolgte jedoch eine umfassende Neugestaltung, bei der unter anderem der Turm 1740 eine neue Haube erhielt. Der Innenraum sollte eine Kopie des Weimarer Schlosses sein. Besonders auffällig ist der Pyramidenaltar. Er besteht aus einem barocken Baldachin mit vier in Palmenform gestalteten Säulen. Über diesem ist die mit den Bildnissen Moses, Johannes des Täufers und Christus verzierte Kanzel zu finden. Den „himmlischen" Teil der Kanzel zieren Engel und die symbolische Darstellung der Dreieinigkeit Gottes. Die

Emporen schmücken Bildnisse von Christus und den zwölf Aposteln.

In Tiefurt selbst fällt das in der Ortsmitte aufgestellte, aus Kalkstein gefertigte **Sühnekreuz** ins Auge. Kulturell locken die regelmäßig stattfindenden **Mühlenkonzerte** (www.tiefurter-muehlenkonzerte.de, Tel. 03643 4788788) und die **Montagsmusiken** in der St. Christophoruskirche (www.tiefurter-montagsmusiken.de) in den Ort. Außerdem gibt das Kindertheater Tiefurt regelmäßig Vorstellungen. Zur Stärkung bietet sich die Einkehr in der Bäckerei Preußel samt angeschlossenem Caféstübchen an.

› Bus 3 bis Tiefurt
› Hauptstr. 14, Weimar-Tiefurt, www.klassik-stiftung.de, Tel. 545400, geöffnet: Ende März–Ende Okt. Di–So 10–17, Eintritt: 6,50 €

★**2 St. Christophoruskirche,** An der Kirche, geöffnet: tgl. 10–17 Uhr

3 Kindertheater Tiefurt, Vorstellungen in der Alten Remise, Hauptstr. 14, Tel. 03643 8789217, www.kindertheater-tiefurt.de

4 Caféstübchen Tiefurt, Bäckerei Preußel, Hauptstr. 14, geöffnet: Mo–Sa 7–14 Uhr

Wein aus Weimar

„Das Leben ist viel zu kurz, um schlechten Wein zu trinken“, meinte schon Johann Wolfgang von Goethe. Recht hat er und daher kann man auch getrost zu einem Weimarer Tropfen greifen, denn 2008 wurden am Poetenweg nordöstlich der Stadt 46 Hektar Rebfläche angelegt. Mit dem Engagement von Georg Prinz zur Lippe wurde eine rund 800 Jahre alte Tradition wiederbelebt, denn zum ersten Mal wurde im thüringischen Raum im Jahr 1195 von Weinreben berichtet. Die Reblaus machte der Kultur jedoch den Garaus, obgleich der Untergrund aus Muschelkalk und das relativ trockene Klima mit über 1600 Sonnenstunden durchaus ideal sind.

Die Weine, meist Weißweine, werden im Weingut Weimar im gemischten Rebsatz angebaut. Der gute Weimarer Tropfen ist in vielen lokalen Supermärkten erhältlich.

› www.weingut-weimar.de, individuelle Weinberg- und Kellerführungen

52 Kromsdorf ★

Folgt man der Ilm nach Nordosten, so ist nach wenigen Kilometern Kromsdorf erreicht. Im Ort steht das gleichnamige **Renaissanceschloss**, das der weimarische und altenburgische Kammerherr **Georg Albrecht von Kromsdorf** ab 1580 erbauen ließ. Zwar hat das Gebäude selbst nur selten geöffnet, jedoch kann die wundervolle **Parkanlage** besichtigt werden, in der auch schon Maria Pawlowna flanierte. Besonders beachtenswert sind die 64 zwischen 1670 und 1730 gefertigten **Sandsteinbüsten** in der Parkmauer. Sie bilden bekannte und weniger bekannte Kaiser, Könige, Fürsten, Frauen der Geschichte und Berufsgruppen ab. Zu entdecken sind unter anderem Karl XII. von Schweden, Wallenstein, eine türkische Frau, ein jüdischer Arzt, Gustav II. Adolf von Schweden, Christian IV., König von Dänemark und Norwegen, Leopold I, der Kaiser von China und ein Großmogul. Die Büsten sind mit Namen versehen.

Eine zweite Burganlage ist im Nachbarort **Denstedt** zu finden. Die

Familien von Denstedt, Gans, von Tangel, Linker von Lützenwick und Koch residierten hier über die Jahrhunderte hinweg. Die weithin sichtbare Anlage ist heute in Privatbesitz und wurde zu einem Sportpark umgestaltet wurde (www.sportparkburg denstedt.de).

› Kromsdorf ist ab Weimar mit dem Bus (Nr. 228) und dem Rad erreichbar.

53 Oßmannstedt ★

Rund 10 Kilometer nordöstlich von Weimar liegt das bereits 956 erstmals erwähnte Dorf Oßmannstedt. Bis zum Jahr 1440 regierten die Ritter von Oßmannstedt im Ort. Auf dem einstigen Burggelände ließ im 18. Jahrhundert Staatsmann und Historiker **Heinrich von Bünau** (1697–1762) das heutige **Gutshaus** errichten. In dem barocken Gebäude wohnte von 1797 bis 1803 der Dichter und Übersetzer **Christoph Martin Wieland.** Das in weiten Teilen noch im Original erhaltene Interieur und die farblich geschmackvoll aufeinander abgestimmten Räume können besichtigt werden.

Im angeschlossenen beschaulichen **Park**, der bis zu den Ufern des Flusses Ilm reicht, ist **Wielands Grabstätte** zu finden.

Besonders beachtenswert ist zudem der **Delphinbrunnen** im farbenprächtig angelegten Garten des Gutshauses. Er ist als barocker Pavillon gestaltet. Der mit einer Muschel geschmückte Delphin schwimmt von oben herab in Richtung des als Teich angelegten Beckens, in das er das Wasser speit.

› Der Ort liegt 10 km nordöstlich von Weimar und ist mit der Bahn zu erreichen.

› Wielandgut, Wielandstr. 16, geöffnet: Mi–Mo 10–17 Uhr, Eintritt: frei

54 Thüringer Kloß-Welt Heichelheim ★

Unweit des Ettersbergs, in den Weiten des landwirtschaftlich geprägten Thüringer Beckens, liegt Heichelheim. Es ist ein kleiner Ort mit lediglich 300 Einwohnern, der jedem kulinarisch interessierten Thüringer trotzdem ein Begriff ist, kommen doch von hier die bekannten **Heichelheimer Klöße.** Und was ist wohl typischer für Thüringen als diese aus Kartoffelmasse hergestellten Kugeln? (Von den Thüringer Bratwürsten mal abgesehen.)

Das Wort Kloß stammt aus dem Althochdeutschen und bedeutet wohl so viel wie Klumpen. Im Raum Weimar werden sie in der lokalen Mundart als „Kleese“ bezeichnet, südlich des Kammes des Thüringer Waldes hingegen nennt man sie „Hütes“, wohl weil man das Rezept geheimhalten, also hüten soll. In der **Thüringer Kloßwelt Heichelheim** ist man da etwas entspannter und lässt sich im Kloßmuseum gern über die Schultern blicken. Im Hofladen kann man die berühmten Klöße dann erwerben, neben sehr leckerem **Speiseeis**, dem ebenfalls eine Ausstellung gewidmet ist. Zu guter Letzt erfährt man in einer dritten Abteilung einiges über **historische Fahrzeuge aus Thüringen**, vor allem über den einst zu DDR-Zeiten in Eisenach produzierten Wartburg. **Kinder** haben hier und im Spielbereich, wo es so eigenwillige Dinge wie einen Kloßcomputer und die Krabbel-Kloß-Kiste gibt, viel Freude. Etwas „normaler“ ist da hingegen die PIKO-Modellbahn.

› Bus 217, mit dem Auto sind es etwas mehr als 10 Minuten nach Norden

› **Thüringer Kloß-Welt**, Hauptstr. 3, Heichelheim am Ettersberg, Tel. 03643 4412223, www.thueringer-kloss-welt.de, geöffnet: tgl. 10–17 Uhr, Eintritt: 5 €

55 Schloss Ettersburg ★

Der Wald des Ettersberges diente den Weimarer Herzogen als **Jagdgebiet.** Zu Beginn des 18. Jahrhunderts ließ Herzog Wilhelm Ernst hier ein Schloss als sommerliche Residenz anlegen. Bevor sich **Herzogin Anna Amalia** Tiefurt zuwandte, war die Ettersburg auch ihr Sommersitz. In regelmäßigen Abständen traf sich hier ihr literarisch-musischer Kreis, dem selbstverständlich auch Goethe, Wieland und Herder angehörten. **Friedrich Schiller** vollendete in der Residenz im Jahr 1800 das Werk „Maria Stuart“.

Nach Jahren der Vernachlässigung erweckte **Großherzog Carl Alexander** um 1842, nach seiner Heirat mit der niederländischen Prinzessin Sophie, das Gelände zu neuem Leben. Die Freitreppe war ein Hochzeitsgeschenk des niederländischen Königshauses. Der Park wurde im Stil eines **englischen Landschftsgartens** umgestaltet und es trafen sich hier illustre Gäste wie der dänische Autor und Märchenerzähler **Hans Christian Andersen** und der Komponist **Franz Liszt.**

Nachdem das Land Thüringen 1919 das Schloss übernahm, war es jedoch erneut dem Verfall preisgegeben. Erst 2007 erfolgte eine aufwendige wie auch kostspielige Sanierung. Schloss Ettersburg ist heute ein **Kultur- und Tagungszentrum** mit gehobenem Hotel und Restaurant. Der **Schlosspark** ist öffentlich zugänglich. Von ihm aus führt eine von den Landschaftsarchitekten Eduard Petzold und Fürst von Pückler-Muskau angelegte Sichtachse, der sogenannte **Pücklerschlag,** 900 m weit den Hang hinauf. Er reicht weiter bis zur Kreuzung „Stern“, an der weitere Schneisen aufeinandertreffen.

Durch diese trieb einst die höfische Jagdgesellschaft das Wild. Pücklerschlag und Stern sind Teil der 1999 angelegten **„Zeitschneise“.** Der Waldweg verbindet das ehemalige KZ Buchenwald 56, einen Ort der Barbarei und Unmenschlichkeit, mit dem Schloss Ettersburg, einem Symbol für das weltoffene, fortschrittliche und geistig freie Klassische Weimar.

› Bus 6 bis Ettersburg
› Am Schloss 1, www.schlossettersburg.de, Tel. 7428410

56 Gedenkstätte Buchenwald

Ist man zwischen Erfurt und Weimar unterwegs, so erblickt man unweigerlich den weithin sichtbaren, 50 m hohen Glockenturm am Rande des Ettersbergs. Er ist Mittelpunkt einer 1958 geschaffenen Denkmalanlage und erinnert an die unmenschliche Barbarei im ehemaligen Konzentrationslager Buchenwald.

Buchenwald war bei Kriegsende 1945 das **größte Konzentrationslager auf deutschem Boden.** Das **Arbeitslager** mit seinen 136 Außenstellen bestand zwischen Juli 1937 und April 1945. Mehr als 250.000 Häftlinge wurden hier im Dienste der Rüstungsindustrie und der medizinischen Forschung ausgebeutet und misshandelt. Rund 56.000 von ihnen kamen qualvoll ums Leben – sie starben an Entkräftung, Seuchen, Folter und im Rahmen medizinischer Experimente. Rund 8000 sowjetische Kriegsgefangene wurden mit der Genickschussanlage getötet. Als sich die US-Armee bei Kriegsende dem Lager näherte und die SS langsam abzog, übernahmen am 11. April 1945 die Häftlinge durch einen **Aufstand** die Kontrolle über das Lager.

Zwischen August 1945 und 1950 nutzte die **sowjetische Besatzungsmacht** Buchenwald als Speziallager Nr. 2 für politische Gefangene, vermeintliche oder tatsächliche Mitglieder der NSDAP und der Gestapo. 7000 Gefangene überlebten die Inhaftierung nicht und starben häufig an Mangelernährung oder den daraus resultierenden Krankheiten.

Über die noch in Teilen erhaltene, bis 1939 von 200 Häftlingen erbaute, sogenannte **Blutstraße** erreicht man die ehemaligen SS-Kasernengebäude. Durch das Torgebäude betritt man das ehemalige Lager, vorbei an der **gusseisernen Inschrift „Jedem das Seine"**, die auf der Innenseite angebracht ist, gut lesbar für die einstigen Häftlinge. Schon allein in diesem höhnischen Spruch spiegelt sich die menschenfeindliche Rassenideologie des NS-Regimes.

Hinter dem Tor befanden sich früher die Häftlingsbaracken. Sie wurden in den 1950er-Jahren abgerissen. Die **Weite des Geländes** wirkt bedrückend und lässt den Besucher still verharren. Umgeben ist das Lager von 23 Wachtürmen und einem Stacheldrahtzaun, der elektrisch geladen war.

Im noch erhaltenen **Desinfektionsgebäude** wurden die Gefangenen geschoren und erhielten eine Nummer. Eine Ausstellung zeigt hier u. a. von Häftlingen gefertigte Kunstwerke. Die Geschichte des Lagers wird in der **Effektenkammer** dokumentiert. Hier wurden Gefangenenkleidung und alle den Häftlingen abgenommenen Habseligkeiten gesammelt. Erhalten sind ebenfalls die **Häftlingskantine** und das **Krematorium.**

Unterhalb des Lagerbereichs, auf der Fläche von drei großen Massengräbern, befindet sich die monumentale **Denkmalanlage.** Sie beeindruckt durch ihre schiere Größe, zeigt aber auch, wie die DDR das Gedenken instrumentalisierte, indem z. B. die kommunistischen Häftlinge besonders heroisch verehrt wurden.

Vorbei an sieben Stelen, von denen jede eines der Jahre symbolisiert, die das Lager bestand, erreicht man die Straße der Nationen. Sie verbindet drei große **Ringgräber.** In jedem von ihnen ruhen die Gebeine von 3000 Menschen. Flankiert wird der Weg von 18 Pylonen mit Feuerschalen, die symbolisch für die 18 Nationen stehen, die im Lager inhaftiert waren. Am dritten Ringgrab führt eine Treppe hinauf zum **Glockenturm**, dem „Turm der Freiheit". Unmittelbar davor steht die markante Plastik **„Buchenwaldgruppe"**, deren 11 Figuren an den Widerstand im Lager erinnern.

Unter den Häftlingen des Konzentrationslagers waren auch zahlreiche **Kinder.** Das jüngste von ihnen war der damals dreieinhalbjährige Stefan Jerzy Zweig. Er wurde von anderen Häftlingen versteckt und überlebte. Sein Schicksal wurde in Bruno Apitz' Roman „Nackt unter Wölfen" thematisiert.

Buchenwald ist ein Ort, der schockiert und betroffen macht und an dem man sich bewusst mit der NS-Geschichte auseinandersetzen kann – genau aus diesem Grund ist ein Besuch lohnenswert.

› Bus 6 bis Buchenwald

› Buchenwald, www.buchenwald.de, Tel. 430200, geöffnet: Apr.–Okt. Di–So 10–18, Nov.–März Di–So 10–16 Uhr, Eintritt: frei, Audiobegleiter (ausleihbar 10–15 Uhr) 3–5 €, 30-minütiger Film. Führungen (gegen Spende) starten an der Besucherinfo, Zeiten siehe Website.

▷ *Der Zugang zum Schloss Kochberg*

57 Großkochberg/ Schloss und Park Kochberg ★★

Idyllischer geht es kaum. Eingerahmt von einer sanften Hügellandschaft, rauschenden Laubwäldern und saftigen Wiesen liegt das Dorf mit seinen Fachwerkhäusern und Bauernhöfen eingebettet in eine Talmulde, 30 km südlich von Weimar. Optisches Zentrum ist die wundervolle **Schlossanlage mit Wassergraben**, die auf eine Wasserburg zurückgeht, die 1577 von den Herren von Schönfeld erworben und umgebaut wurde. Das Aussehen ist bis heute erhalten geblieben.

Im Jahr 1733 erwarb die **Familie von Stein** das Rittergut, weshalb die mit dem herzoglichen Weimarer Stallmeister Freiherr Gottlob Ernst Josias Friedrich von Stein (1735–1793) verheiratete Freifrau **Charlotte Albertine Ernestine von Stein** (1742–1827) des Öfteren dort weilte und damit auch Johann Wolfgang von Goethe nicht selten die Schlossanlage besuchte. Das erste Mal wohl am 6. Dezember 1775, wie eine noch erhaltene Inschrift auf dem Schreibtisch Charlotte von Steins belegt. Auch spätere, bis 1788 erfolgte Besuche verzeichnete Goethe auf dem Möbelstück seiner Muse. „Mir geht's mit Goethen wunderbar. Nach acht Tagen, wie er mich so heftig verlassen hat, kommt er mit einem Übermaß von Liebe wieder", wusste Charlotte von Stein ihrerseits zu berichten. 1788 kühlte sich das Verhältnis, aus dem rund 1700 Briefe erwuchsen, allerdings merklich ab. Goethe wurde nunmehr „ohne Herz" empfangen, was ihm die Laune und den „ganzen Tag" vestimmte.

Die Atmosphäre des 18. Jahrhunderts spiegelt das **Schlossmuseum** wieder. Originale Alltagsgegenstände, Möbel und Gemälde führen und entführen den Besucher in die Goethezeit. Für regelmäßige Veranstaltungen wird noch immer das **Liebhabertheater** genutzt. Carl von Stein ließ es um 1800 errichten. Geschaffen wurde es aus einem barocken Gartenhaus.

044we-us

Bei schönem Wetter unbedingt einen Besuch wert ist die weitäufige **Parkanlage**, die Anfang des 19. Jahrhunderts im nachklassisch-romantischen Stil angelegt wurde. Das den Hang hinaufführende Areal besticht durch seinen einzigartigen prächtigen Baumbestand, den üppigen Blumengarten, „Blumentheater" genannt, die Blumentreppe und die ornamental angelegten Beete. Oberhalb des Landschaftsparks bietet der **Luisenturm** auf dem Hummelsberg eine grandiose Aussicht. Errichten ließ ihn James Patrick von Parry im Jahr 1864 in Gedenken an seine verstorbene Ehefrau, die Enkelin der Charlotte von Stein.

Wuchtiger als Park und Turm wirkt die dem heiligen Michael geweihte **Dorfkirche**, die zeitweise dem Rittergut zugehörig war. Ihr heutiges Aussehen erhielt sie gegen Ende des 17. Jahrhunderts. Den Innenraum zieren Deckenfresken aus dem 18. Jahrhundert, eine barocke Kanzel und ein reich verzierter, geschnitzter Flügelaltar der Saalfelder Schule, um 1500 geschaffen. Bemerkenswert sind die für Thüringen durchaus typischen Einhornbilder auf den Außenseiten der Altarflügel.

Einen Stopp wert ist auch Großkochbergs Nachbarort **Teichel**, einst die mit 500 Einwohnern kleinste Stadt Thüringens. Beachtenswert ist hier speziell das im Stil des Eklektizismus zwischen 1863 und 1867 aus Sandstein erbaute Rathaus.

› Mit dem Bus ist Großkochberg innerhalb einer Stunde bequem zu erreichen. Nummer 114 ab Hauptbahnhof bis Teichel, ab dort weiter mit der Nummer 121. Die Fahrt mit dem Pkw dauert etwas mehr als eine halbe Stunde (30 km nach Süden).

› **Schloss und Park Kochberg,** Im Schlosshof 3, Großkochberg, www.klassik-stiftung.de/schloss-und-park-kochberg, geöffnet: Mi–Mo 10–18 Uhr, Eintritt: 5 €. Das Schloss wird von der Klassik Stiftung Weimar verwaltet und ist daher für Inhaber der weimar card kostenlos zu besichtigen (s. S. 121). Teil des Schlosses ist ein stilvolles Restaurant, das Thüringer und internationale Küche sowie selbstgebackenen Kuchen anbietet (Im Schloßhof 3, Tel. 036743 254210, geöffnet: 11–16 Uhr).

MEIN TIPP

Goethewanderweg

Um Charlotte von Stein besuchen zu können, nahm Goethe öfters die Strecke zum knapp 30 Kilometer von Weimar entfernten **Schloss Kochberg** 57 auf sich. Die Wegstrecke, die er meist mit dem Pferd, aber auch zu Fuß zurücklegte, kann heutzutage erwandert werden. **Markiert mit einem geschwungenen G** führt der Pfad ab dem Goethehaus aus Weimar heraus geradewegs nach Süden durch sanfte Thüringer Hügel- und Berglandschaft. Unterwegs passiert man auch die Holzbrücke von Buchfart 49. Goethe benötigte für die Strecke angeblich lediglich etwas mehr als vier Stunden. Wen nicht gerade, wie den Herrn Geheimrat, die Sehnsucht nach Großkochberg zieht, der dürfte eventuell etwas länger brauchen.

› www.komoot.de/tour/5591 7943 und www.geschichte-zu-fuss.de/goethewanderweg-weimar

58 Jena ★★

Weimar ist mit dem gut 20 Kilometer weiter östlich gelegenen Jena geschichtlich eng verwoben, vor allem wenn es um das 18. und 19. Jahrhundert geht. Mit 110.000 Einwohnern, davon ein Viertel **Studenten**, ist Jena heute deutlich größer als der Nachbar im Westen, zu Zeiten Goethes waren beide Städte jedoch nahezu ebenbürdige Schwergewichte. Stand Weimar jedoch vor allem für das Zeitalter der Klassik, so konnte sich in Jena die **Frühromantik** etablieren. Die Stadt wuchs zudem zu einem bedeutenden **Zentrum der Wissenschaft und Forschung** heran, nicht zuletzt gegen Ende des 19. Jahrhunderts dank der auf Feinmechanik und Optik spezialisierten Firma des in Weimar geborenen **Carl Zeiss** und des Glas- und Glaskeramik-Konzerns **Schott.**

Eines der Wahrzeichen Jenas ist der imposante, vollverglaste **JenTower,** das mit 144,5 m (mit Antennenspitze 159,60 m) und 31 Etagen höchste Bürogebäude der neuen Bundesländer. Der Bau folgte der Vorgabe der DDR-Regierung, dass in einzelnen Orten „Stadtdominanten", also symbolträchtige Bauten entstehen sollten. Die Jenaer „Keksrolle" soll ein Fernrohr darstellen. Täglich zwischen 10 und 22 Uhr kann der Blick von der Aussichtsplattform genossen werden. Da Jena um bis zu 250 Meter von den Muschelkalkhängen der Kernberge und dem Jenzig überragt wird, sind Aussichtspunkte mit Panoramablick aber auch sehr zentrumsnah in der Natur zu finden.

Nach einer Wanderung lohnt ein Besuch der **Kneipen** und **Restaurants** in der Wagnergasse. Besucht werden diese gern von den Stundenten der hiesigen **Universität,** die 1558 gegründet wurde und nicht zu Unrecht den Namen **Friedrich Schillers** trägt. 1789 wurde der Dichter,

Goethe, Jena und die Romantik

Ab 1779 war Goethe regelmäßig zu Besuch in Jena. Er schätzte es, frei von höfischen Zwängen anregende Gespräche mit Naturwissenschaftlern und Intellektuellen zu führen, inspizierte das Naturalienkabinett und die Sammlungen des Herzoglichen Museums. Kein Wunder vielleicht, dass Goethe, der sich sehr für die Naturwissenschaften interessierte und unter anderem auf dem Gebiet der Anatomie forschte, in diesem inspirierenden Umfeld am 27. März 1784 den bis dahin (angeblich) noch unbekannten Zwischenkieferknochen entdeckte. Tatsächlich hatte diesen jedoch schon einige Jahre zuvor der französische Arzt Félix Vicq d'Azyr ausfindig gemacht, was Goethe in Zeiten eher schleppender Kommunikation jedoch noch nicht bekannt war.

In der Saalestadt kam der Dichterfürst unter anderem bei den Abendgesellschaften im Frommannschen Haus, dem Wohnsitz des Verlegers und Buchhändlers Carl Friedrich Ernst Frommann (Fürstengraben 18), mit den Frühromantikern in Kontakt. Die Jenaer Romantiker forderten eine „Revolution des Geistes" auf der Suche nach einer Einheit von Wissenschaft, Natur und Leben. Unter ihnen war Goethe hochverehrt. Novalis (1772–1801) nannte den Dichter gar den „wahren Statthalter des poetischen Geistes auf Erden".

Goethe war die neue Strömung zunächst durchaus sympathisch, brachte sie doch frischen Wind mit sich. Da die Romantik jedoch die Abkehr von der Antike bedeutete, polterte er 1829: „Das Klassische nenne ich das Gesunde und das Romantische das Kranke". Und weiter: „Das Antike ist plastisch, wahr und reell; das Romantische täuschend wie die Bilder einer Zauberlaterne."

KURZ & KNAPP

Die sieben Wunder von Jena

1558 wurde die Alma Mater Jenensis gegründet und entwickelte sich zu einer bedeutenden Universität. Gerne schmückten sich Menschen damit, dass sie in Jena studiert hatten. Um zu testen, ob dies auch wirklich der Fall war, fragte man gern die „sieben Wunder von Jena" ab, die nur Eingeweihte kennen konnten. Der Spruch lautete: „Ara, caput, draco, mons, pons, vulpecula turris, Weigeliana domus, septem miracula Jenae." Diesen musste man nicht nur kennen, man musste auch die lateinischen Wörter den als „Wunder" bezeichneten Sehenswürdigkeiten zuordnen können.

Heute noch zu sehen sind: Ara – **Altarunterführung der Stadtkirche** (einst Zugang zum Zisterzienserkloster, der unter dem Altar der Kirche entlangführt), Caput – die stündlich nach einer Kugel, die einen Kloß darstellen soll, schnappende **Schnapphans-Figur** an der Rathausuhr, Draco – der **siebenköpfige Drache** (aus Tierknochen, Draht und Pappmaché angefertigt, im Stadtmuseum zu sehen), Mons – der **Berg Jenzig** (385 m hoch) und Vulpecula Turris – der Fuchsturm. Pons (die alte Camsdorfer Brücke) und Weigeliana Domus (das Weigelsche Haus) haben die Zeiten nicht überdauert.

Arzt und Historiker zum außerordentlichen Professor für Geschichte ernannt. Rund zehn Jahre verbrachte der Gelehrte in der Saalestadt. Hier verfasste er auch seinen „Wallenstein" und traf Johann Wolfgang von Goethe, der seinerseits insgesamt fünf Jahre in Jena verbrachte. Im Inspektorhaus des bekannten Botanischen Gartens konnte er ungestört arbeiten und verfasste dort unter anderem seinen Roman „Wilhelm Meisters Lehrjahre".

Diverse **Museen** in Jena haben Kunst und Wissenschaft zum Thema. Außerdem lohnt ein Besuch der **Stadtkirche St. Marien** (15. Jahrhundert) und des **Marktplatzes** mit Häusern verschiedener Stilrichtungen und dem historischen Rathaus, das mit einer prachtvollen astronomischen Kunstuhr aus dem 15. Jahrhundert aufwartet.

› Jena ist über die A4 an Weimar angebunden und auch mit der Bahn schnell zu erreichen.

ℹ 5 **Jena Tourist-Information,** Markt 16, Tel. 03641 498050, www.visit-jena.de, geöffnet: Mo–Fr 11–17, Sa 10–14 Uhr

★ 6 **JenTower,** Leutragraben 1, geöffnet: 10–22 Uhr, Eintritt: 4,50 €

★ 7 **Zeiss-Planetarium Jena,** Am Planetarium 5, www.planetarium-jena.de. Betriebsältestes Planetarium Deutschlands.

M 8 **Deutsches Optisches Museum,** Carl-Zeiss-Platz 12, https://deutsches-optisches-museum.de. Die einzigartige Sammlung umfasst 20.000 Objekte, unter anderem Fotoapparate, Teleskope und Mikroskope. **Wegen Umbau bis 2024 geschlossen.**

M 9 **Phyletisches Museum,** Vor dem Neutor 1, www.phyletisches-museum.de, geöffnet: Di–Fr 9–13 und 14–17 Uhr, Sa, So 10–16 Uhr, Eintritt: 2,50 €. Von Ernst Haeckel gegründetes Museum zur Evolution.

M 10 **Schillers Gartenhaus,** Schillergäßchen 2, www.gartenhaus.uni-jena.de, geöffnet: Di–So 11–17 Uhr, Eintritt: 3,50 €. Friedrich Schiller lebte hier in den Sommern der Jahre 1797 bis 1799.

M 11 **Stadtmuseum Jena,** Markt 7, www.stadtmuseum-jena.de, geöffnet: Di–So 10–17 Uhr. Kunstsammlung, Romantikerhaus (Literaturmuseum) und Ausstellung zur Doppelschlacht bei Jena und Auerstedt im Jahr 1806.

WEIMAR ERLEBEN

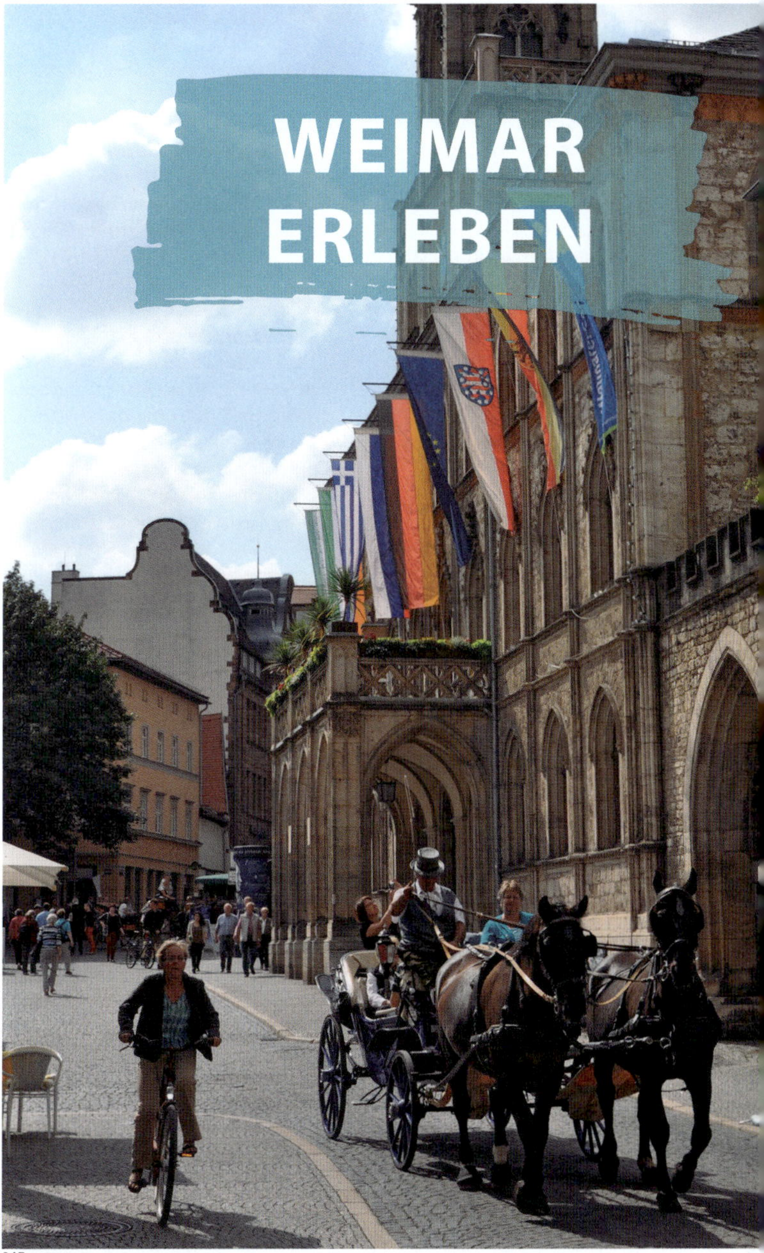

045we-ms

Weimar für Kunst- und Museumsfreunde

Museen

32 [D3] **Albert-Schweitzer-Gedenkstätte.** Die Ausstellung informiert anschaulich über Leben und Werk des Arztes, Theologen und Afrikareisenden Albert Schweitzer (s. S. 60).

39 [C2] **Bauhaus-Museum.** Die Ausstellung gibt einen guten Überblick über das Schaffen und die Köpfe des Weimarer Bauhauses, bevor es nach Dessau übersiedelte (s. S. 66).

45 **Deutsches Bienenmuseum.** Interessantes Museum über Bienenvölker und die Methoden der Honiggewinnung (s. S. 72).

M 21 **Eisenbahnmuseum,** Eduard-Rosenthal-Straße, www.eisenbahnmuseum-weimar.de, geöffnet: zu Sonderveranstaltungen, Eintritt: 7 €. Die größte Sammlung historischer Lokomotiven Thüringens ist östlich des Hauptbahnhofs zu finden. Über 30 verschiedene Dampf-, Diesel- und Elektrolokomotiven wollen entdeckt werden.

56 **Gedenkstätte Buchenwald.** Anhand von Zeitzeugen-Zeugnissen wird an die Barbarei im KZ Buchenwald und im sowjetischen Speziallager erinnert (s. S. 83).

M 22 [D4] **Ginkgo Museum,** Windischenstr. 1, www.ginkgomuseum.de, Tel. 805452, geöffnet: Mo–Fr 10.30–15, Sa, So 10–15 Uhr, Eintritt: frei. Dieses kleine, informative Museum im Ginkgo-Haus hat sich ganz der Geschichte des „lebenden Fossils", des ältesten Baumes der Welt, gewidmet. Einkaufen kann man im GinkgoShop (s. S. 100), übernachten in den Ginkgo Appartements (s. S. 129).

33 [E3] **Goethe- und Schiller-Archiv.** Das älteste Literaturarchiv Deutschlands verwahrt die Nachlässe von Goethe, Schiller und vielen weiteren berühmten Deutschen wie Wieland, Büchner und Bettina von Arnim (s. S. 60).

18 [F5] **Goethes Gartenhaus.** Goethes Rückzugsort und Musenhaus befindet sich mitten im idyllischen Park an der Ilm (s. S. 47).

Vorseite: Reger Betrieb vor dem Weimarer Rathaus (s. S. 35)

Das Musäushaus, heute Sitz der Albert-Schweitzer-Gedenkstätte 32

047we-ms

9 [D5] **Goethes Wohnhaus und Goethe-Nationalmuseum.** Hier lebte, arbeitete und starb Goethe. Als Besucher kann man in die Zeit der Weimarer Klassik eintauchen (s. S. 27).

19 [F6] **Haus Am Horn.** Musterhaus des Weimarer Bauhauses (s. S. 48).

46 **Haus Hohe Pappeln.** Original erhaltenes Wohnhaus des Bauhaus-Architekten Henry van de Velde (s. S. 72).

12 [D4] **Herzogin Anna Amalia Bibliothek.** Im beeindruckenden Rokokosaal hat die deutsche Literatur eine angemessene Heimstätte gefunden (s. S. 30).

29 [D3] **Kirms-Krackow-Haus.** Bürgerliches Wohnhaus des 18./19. Jh. mit Hausgarten und beschaulichem Laubengang (s. S. 58).

23 [C3] **Kunsthalle Harry Graf Kessler,** Goethepl. 9b, https://stadtmuseum.weimar.de, Tel. 499519, geöffnet: Di–So 10–17 Uhr, Eintritt: 3 €. Die Kunsthalle im ehemaligen Großherzoglichen Museum zeigt Sonderausstellungen, zumeist zum Thema Malerei. Kombikarte mit dem Stadtmuseum Weimar 41 erhältlich.

21 [D6] **Liszt-Haus.** Im einstigen Wohnhaus des Klaviervirtuosen sind Liszts Wohn- und Arbeitsräume samt Flügel zu besichtigen und seine Briefe und Manuskripte ausgestellt (s. S. 49).

31 [D3] **Marstall.** Ausstellung zur Geschichte der einstigen Gestapo-Zentrale und begehbare Skulptur (s. S. 59).

24 [C5] **Museum für Ur- und Frühgeschichte Thüringens,** Humboldtstr. 11, Tel. 818331, geöffnet: Di 9–18, Mi–Fr 9–17, Sa, So 10–17 Uhr, Eintritt: 3,50 €. Aufschlussreiches Museum über die Kulturgeschichte Thüringens seit der Steinzeit. 3000 Exponate, unter anderem Knochenfunde des im thüringischen Bilzingsleben gefundenen Homo erectus.

046we-ms

Blick in die Räumlichkeiten des Goethehauses 9

37 [C1] **Museum Neues Weimar.** Hier werden Werke aus der Zeit des Jugendstils und des Impressionismus gezeigt. Herausragend ist die Rebecca-Horn-Rauminstallation „Konzert für Buchenwald“ in einer Außenstelle des Museums (s. S. 65).

25 [A7] **Nietzsche-Archiv,** Humboldtstr. 36, Tel. 545400, www.klassik-stiftung.de, geöffnet: Sommer Mi–Mo 10–18, Winter Mi–Mo 10–16 Uhr, Eintritt: 5 € (Tipp: Das Kombi-Ticket Moderne umfasst neben dem Nietzsche-Archiv auch das Haus Am Horn 19, das Museum Neues Weimar 37, das Bauhaus-Museum 39 und das Haus Hohe Pappeln 46, Preis: 15 €.). In dem von van de Velde gestalteten Haus starb der Philosoph Friedrich Nietzsche am 25. August 1900. Zu sehen sind u. a. die vollständig erhaltenen Privaträume samt Einrichtung. Ein Raum widmet sich der Nietzsche-Verehrung durch die Nationalsozialisten.

M26 [C3] **Palais Schardt,** Scherfgasse 3, https://goethepavillon.de, Tel. 902279, geöffnet: April–Juni und Aug.–Okt. Di, Fr und an Tagen mit Kulturveranstaltungen 15.30–17.30 Uhr, Eintritt: 3 €. Das Elternhaus der Charlotte von Stein beherbergt heute eine Scherenschnitt-, Puppenstuben- und Puppenausstellung, ferner einen Festsaal, Duftgarten und Goethepavillon. Angegliedert ist das kleine Café Charlotte.

M27 [C3] **Pavillon-Presse Weimar,** Scherfgasse 5, www.pavillon-presse.de, Tel. 53544, geöffnet: Mo und Fr 13–17 Uhr, Eintritt: 3 €. Das Museum präsentiert historische Maschinen und Drucktechniken. Es werden Führungen, Kurse und Schaudrucke angeboten.

› **Rokokomuseum,** im Schloss Belvedere 48. Die Sammlung umfasst Gegenstände aus der Zeit zwischen der Renaissance und dem Ende des 18. Jahrhunderts.

20 [E7] **Römisches Haus.** Sehenswerte, im antiken Stil erbaute Sommerresidenz von Herzog Carl August im pittoresken Park an der Ilm (s. S. 49).

7 [C4] **Schillers Wohnhaus und Schiller-Museum.** Nahezu original erhaltenes Wohnhaus des Dichters, in dem Werke wie „Wilhelm Tell" entstanden (s. S. 22).

M28 [D4] **Schirmmuseum,** Rittergasse 19, Tel. 903363, geöffnet: Mo–Fr 10–18, Sa 10–14 Uhr. In dem kuriosen Museum ist eine private Sammlung von Schirmen (zumeist aus der Rokoko- und der Biedermeierzeit) zu besichtigen.

48 **Schloss und Park Belvedere.** In den Räumlichkeiten des Schlosses ist ein Museum für Kunsthandwerk untergebracht. Ein Schwerpunkt ist z. B. Porzellan (s. S. 74).

51 **Schloss und Park Tiefurt.** In den Räumen der herzoglichen Sommerresidenz werden Skulpturen, Büsten und Gemälde ausgestellt (s. S. 78).

41 [C3] **Stadtmuseum Weimar im Bertuchhaus.** Informative Dauerausstellung zur Geschichte der Stadt von der Goethe- bis zur Wendezeit, Sonderausstellungen, Museumsshop (s. S. 69).

16 [D3] **Stadtschloss mit Schlossmuseum.** Die einstigen Gesellschaftsräume der Großherzogin Maria Pawlowna beeindrucken mit ihrer klassizistischen Gestaltung. Auch die großherzogliche Kunstsammlung ist sehenswert (s. S. 40).

M29 [C4] **Weimar Haus,** Schillerstr. 16, www.weimarhaus.de, Tel. 901890, geöffnet: Mo–Sa 10–18, So 11–16 Uhr, Eintritt: 9,50 €, erm. 7 €, unter 17 Jahren 5,50 €. Hier unternimmt man einen 30-minütigen multimedialen Spaziergang durch die Geschichte Weimars, ergänzt durch Wachsfiguren, Kulissen und Lichteffekte.

4 [C4] **Wittumspalais.** Im Wittumspalais erhält man Einblick in das Leben und die herzogliche Wohnkultur des 18. Jh. Hier musizierte, malte, komponierte und diskutierte die überaus kulturinteressierte Anna Amalia (s. S. 18).

Kunstgalerien

G30 [D4] **ACC Galerie Weimar,** Burgpl. 1/2, www.acc-weimar.de, Tel. 851261, geöffnet: tgl. 12–18, Fr, Sa bis 20 Uhr, Eintritt: 3 €. Innovative Galerie und Kulturzentrum mit sehenswerten zeitgenössischen Ausstellungen deutscher und internationaler Künstler. Auch Theateraufführungen und Konzerte finden hier statt.

› **Galerie Markt 21 im C.Keller** (s. S. 99), Markt 21, www.c-keller.de, Tel. 502755. Malerei, Fotografie, Multimedia, Rauminstallationen – hier stellen regionale und internationale Künstler der Gegenwart aus.

Kunst unter freiem Himmel

Aufgrund der Vielzahl prominenter Besucher Weimars gibt es auch eine große Menge an **Denkmälern** und **Statuen**, die diese ehren. Die wohl bekanntesten sind das Reiterstandbild des Großherzogs **Carl-August von Sachsen-Weimar-Eisenach** auf dem Platz der Demokratie 13 und das **Goethe-Schiller-Denkmal** 1 auf dem Theaterplatz. Die beiden anderen Vertreter des „Weimarer Viergestirns" sind auf dem Wielandplatz [C/D5] (Bronzestandbild Christoph Martin Wielands in Überlebensgröße) und vor der Herderkirche 28 zu finden.

Weitere Monumente ehren Musiker wie **Johann Nepomuk Hummel**, der zwischen 1819 und 1837 Hofkapellmeister in Weimar war. Sein Denkmal ist hinter dem Nationaltheater 2 zu finden. Ein Denkmal für **Franz Liszt** befindet sich im Park an der Ilm 17, Wolfgang Amadeus Mozart wird im Tiefurter Park 51 geehrt und die Büste **Johann Sebastian Bachs**, die anlässlich seines 200. Todestag im Jahr 1950 geschaffen wurde, ist auf dem Platz der Demokratie zu sehen.

Natürlich sind im Stadtbild auch zahlreiche Schriftsteller vertreten, unter ihnen **Alexander Puschkin** und **William Shakespeare**. Die Büsten sind im Park an der Ilm zu entdecken.

Fehlen darf zudem nicht das Bildnis des Philanthropen **Johannes Falk** (s. S. 58), das am Graben 34 zu entdecken ist, und **Albert Schweitzer** wurde am Kegelplatz 31 ein Denkmal gesetzt.

Ein Monument aus der sozialistischen Zeit ist in der Carl-August-Allee 38 zu finden. Es zeigt **Ernst Thälmann**, der im KZ Buchenwald 56 ermordet wurde. Unterhalb des Lagerbereichs des Konzentrationslagers ist die eindrucksvolle **Buchenwald-Plastik** von Fritz Cremer zu finden.

Ein aktuelles Thema, nämlich das der künstlerischen Lehre, greift der Stuhl auf dem Platz vor der Bibliothek der Bauhaus-Universität (Steubenstraße 6/8) auf. Das 20.000 Kilogramm schwere und insgesamt 7,50 m hohe Objekt wurde 2005 von Hermann Bigelmayr geschaffen und trägt den Namen **„Lehrstuhl – leerer Stuhl"**.

Stühle, diesmal jedoch keine Lehrstühle, sondern vielmehr zwei Sitzgelegenheiten, die zum Dialog einladen, hält das Hafis-Goethe-Denkmal (s. S. 45) auf dem Beethovenplatz bereit. Weniger sitzend, sondern eher kletternd wird hingegen meist der „Versunkene Riese" auf dem Frauenplan 8 erkundet.

Doch auch weniger bekannte Denkmäler lohnen den Besuch. Eines ist im Poseckschen Garten 23 zu finden und ehrt den Schriftsteller **Ernst von Wildenbruch** (1845–1909), der zeitweise in der neobarocken Villa Ithaka (Am Horn 25) wohnte.

Auffallend bei einem Denkmal-Rundgang durch Weimar ist, dass nie Frauen geehrt werden. So fehlen auch optische Erinnerungen an Anna Amalia und Maria Pawlowna.

Puschkin-Denkmal am Park an der Ilm 17

048we-ms

Weimar für Genießer

Essen und Trinken

Selbstverständlich stehen in Weimar Thüringer **Rostbratwurst** und **Rostbrätel** (gegrillter Schweinenacken) hoch im Kurs. Auch **Sauerbraten** und **Hirschgulasch** sind in der Küche der Stadt tief verwurzelt. Diese und weitere Thüringer Leckerbissen kann man zum Beispiel im Gasthaus Zum weißen Schwan (siehe rechts) verkosten, wobei die Rostbratwurst auch an den Marktständen vor dem Rathaus zu haben ist.

In der Stadt des Zwiebelmarkts (s. S. 104) darf natürlich der **Zwiebelkuchen** nicht fehlen. Verschiedene Bäcker, etwa die Bäckerei Rose (s. S. 101), haben diese Spezialität im Angebot. Wer möchte, kann dazu einen **Wein** aus Weimar genießen (s. S. 81).

Wer sich zu den Süßschnäbeln zählt, ist in der Geleitstraße 25 goldrichtig: Dort betreibt der bekannte Thüringer **Nougathersteller Viba** (https://viba-sweets.de) eine Filiale. Die kleinen Köstlichkeiten sind einfach zum Dahinschmelzen.

Hervorhebenswerte Lokale

Thüringer Küche

- **31** [D4] **Erbenhof** €€-€€€, Brauhausgasse 10, www.erbenhof.de, Tel. 4944442, geöffnet: Frühstück/Mittagessen tgl. 7–18, Abendessen Di–Sa 17–23 Uhr. Hier werden schmackhafte regionale Gerichte serviert, köstliche Torten und Kuchen sowie guter Kaffee. Modernes Ambiente mit Biergarten im Innenhof.
- **32** [D5] **Gasthaus Zum weißen Schwan** €€, Frauentorstraße 23, http://weisserschwan.de, Tel. 908751, geöffnet: tgl. 11–23 Uhr. Goethes Lieblingslokal. Thüringer und internationale Küche im historischen Ambiente.
- **33** [D3] **Sächsischer Hof** €€, Eisfeld 12, www.saechsischer-hof-weimar.de, Tel. 401384, geöffnet: tgl. 11–23 Uhr. Traditionsgasthaus mit Biergarten direkt an der Herderkirche 28. Hervorragende Thüringer Küche, auch vegetarische Gerichte.
- **34** [C3] **Watzdorfer Geleitschenke** €€, Scherfgasse 4, www.geleitschenke.de, Tel. 779337, geöffnet: Mo, Di 8–22, Do–Sa 8–24, So 8–21 Uhr. Delikate regionale Speisen in gediegener Wirtshausatmosphäre im schmucken Fachwerkhaus. Natürlich gibt es hier auch das berühmte Köstritzer Schwarzbier aus Thüringen.
- **35** [D2] **Zum Siechenbräu** €, Ferdinand-Freiligrath-Straße 17, Tel. 903387, geöffnet: Di–Sa 17–24 Uhr. Rustikales, gemütliches Gasthaus und deftige Hausmannskost.

> **Gastro- und Nightlife-Areale**
> Bläulich hervorgehobene Bereiche in den Karten kennzeichnen Gebiete mit einem dichten Angebot an Restaurants, Bars, Clubs, Discos etc.

Gehobene Küche

- **36** [B5] **Restaurant Andreas Scholz** €€€, Prellerstr. 2, www.restaurant-andreas-scholz.de, Tel. 86190, geöffnet: Mi–So 18–22 Uhr. Hervorragende Küche und vorbildlicher Service. Ein Restaurant zum Wohlfühlen und Genießen.
- › **Restaurant AnnA** €€€, im Hotel Elephant (s. S. 128), www.hotelelephantweimar.com, Tel. 8020, geöffnet: Frühstück Mo–Fr 6.30–10.30, Sa, So 7–11, Mittagessen tgl. 12–14, Abendessen tgl. 18–23 Uhr. Das Gourmetrestaurant mit Michelin-Stern offeriert seinen Gästen ausgezeichnete Köstlichkeiten.

37 [D5] **Restaurant Bettina von Arnim** €€€, Beethovenpl. 1–2, https://hotel-weimar.dorint.com, Tel. 8720, geöffnet: tgl. 18–22.30 Uhr. Hervorragende Küche in historischem Ambiente.

38 [C5] **Weinbar Weimar** €€€, Humboldtstraße 2, https://weinbar-weimar.de, Tel. 4699533, geöffnet: Di–Sa 17–24, Küche bis 22 Uhr. Der Name verspricht erlesene Weine, geboten wird aber zudem auch eine hervorragende Küche. Regelmäßig wechselnde 5-Gänge-Menüs und kleine Barfood-Gerichte.

Preiskategorien Restaurants

Die Preiskategorien gelten für ein Hauptgericht ohne Getränke.

€	bis 15 €
€€	15–20 €
€€€	über 20 €

Kulinarisches aus aller Welt

39 [D4] **36 Pho Co** €, Kaufstraße 5, www.pho-co-weimar.de, Tel. 4684899, geöffnet: tgl. 11–23 Uhr. Erstklassige asiatische Küche, die sich nicht nur auf gebratene Nudeln beschränkt und sehr abwechslungs- und einfallsreich daherkommt. Bei Einheimischen sehr beliebt. Unter dem gleichen Namen betreiben die Inhaber auch ein Gästehaus (s. S. 129).

40 [C3] **Anno 1900** €€€, Geleitstr. 12a, www.anno1900-weimar.de, Tel. 903571, geöffnet: tgl. 12–23 Uhr. Abwechslungsreiche Küche. Der Name ist Programm: Das Lokal ist wie um die Jahrhundertwende eingerichtet.

41 [C4] **El Burrito** €, Brauhausgasse 22, www.el-burrito.de, Tel. 902910, geöffnet: So–Do 17–22 Uhr, Fr, Sa 17–23 Uhr. Mexikanische Spezialitäten inmitten von Weimar. Eine Empfehlung für Liebhaber der lateinamerikanischen Küche.

42 [C4] **Garofoli Weimar** €€, Rittergasse 13, Tel. 5299242, geöffnet: Di–So 11.30–14 und 17–22 Uhr. Italienische Fisch- und Fleischspezialitäten am Donndorfbrunnen 5.

43 [D4] **Giardino** €-€€, Oppelscher Garten, Seifengasse, www.giardino-weimar.

049we-ms

☑ *Außengastronomie am Herderplatz* 27

de, Tel. 0151 50665437, geöffnet: April–Sept. 11.30–22.30 Uhr. Stilvolles Gartenlokal mit italienischen Klassikern. Hier kommen Antipasti, Pasta, Pizza und Fleisch auf den Tisch. In der bequemen Lounge kann man wunderbar entspannen.

› **Gretchens Restaurant & Café** €€, im Familienhotel Weimar (s. S. 129), https://gretchens-weimar.de, Tel. 4579888, geöffnet: Frühstücksbuffet Mo–Fr 8–10.30, Sa, So 8–12, Abendessen Do–Sa 17.30–23 Uhr. Kulinarisch empfehlenswertes, entspanntes Restaurant im Familienhotel. Mit Dachterrasse.

44 [C4] **Pizzeria Da Antonio** €, Windischenstraße 33, www.pizzeria-da-antonio.com, Tel. 490119, geöffnet: tgl. 11–24 Uhr. Kleine, auch bei Einheimischen beliebte Pizzeria.

45 [D3] **Restaurant India** €€, Schloßgasse 17–19, www.indisches-restaurant-weimar.de, Tel. 5618453, geöffnet: Mi–Mo 11–23 Uhr. Ansprechendes Lokal mit schmackhaften indischen Gerichten. Besonders empfehlenswert ist das ausgezeichnete Naan.

46 [C3] **Restaurant San** €€, Eisfeld 4, Tel. 258942, geöffnet: Mi, Fr–So 12–15 und 18–22 Uhr. Köstliche koreanische Speisen, immer frisch zubereitet, und ausgefallene Tees. Gegessen wird teils von selbst getöpferter Keramik.

Bistros

47 [D3] **Estragon Suppenbar**, Herderplatz 3, www.estragon-suppenbar.de, Tel. 908599, geöffnet: Mo–Sa 11–16 Uhr. Wer Suppen liebt, ist hier goldrichtig. Idealer Ort für eine kleine Stärkung. Direkt daneben befindet sich der Bio-Laden Rosmarin (s. S. 101).

48 [C4] **Franz & Willi Burgerhaus,** Rittergasse 21, Tel. 4433069, http://franzundwilli.de, geöffnet: Di–Do 11.30–21, Fr 11.30–22, Sa 12–22, So 12–21 Uhr. Leckere Burger mit regionalen Zutaten.

49 [C4] **FritzMitte Streetfood,** Schützengasse 8, www.fritzmitte.de, Tel. 9004010, geöffnet: tgl. 11–22 Uhr. Beim Fitz in der Mitte der Stadt, da schmeckt es. Auf dem Plan stehen Fritten, Currywurst und Burger mit köstlichen hausgemachten Dips.

Cafés und Eiscafés

› **ACC Café-Restaurant,** in der ACC Galerie (s. S. 92), www.acc-cafe.de, Tel. 851161, geöffnet: Mo–Do 15–23, Fr–So 12–23 Uhr. Das ACC ist eine kulturelle und kulinarische Institution in Weimar und das nicht nur für Studenten. Viel Kunst und Kultur, delikate saisonale Gerichte, Kaffee- und Teespezialitäten, dazu Kuchen und Frühstücksangebote. Auf der schönen Terrasse lässt es sich aushalten.

50 [D5] **Brotklappe Café & Bäckerei am Frauenplan,** Frauenplan 8, www.brotklappe.de, Tel. 9002660, geöffnet: tgl.

050we-ms

Auch beim Shoppen in der Windischenstraße findet man Gelegenheit für eine kulinarische Pause

Meine Tipps

Lecker vegetarisch

- **Anno 1900** (s. S. 95). Verschiedene leckere vegetarische Gerichte.
- **Crêperie du Palais** (s. unten). Crêpes in allen Variationen, auch vegane Speisen.

Raucher willkommen

In Thüringer Restauramts und Kneipen ist das **Rauchen nicht gestattet.** Nur wenige Gasthäuser besitzen Raucherecken.

- **C.Keller** (s. S. 99). Separater Raum für Qualmer.
- **roxanne cafebar** (s. S. 98). Bar mit Raucherlaubnis.

8–18 Uhr. Egal, ob man auf der Suche nach erlesenem Gebäck oder sehr gutem Brot ist, hier, unweit von Goethes einstigem Wohnhaus, wird man fündig.

51 [C2] **Café am Bauhaus-Museum,** Friedensstraße 2, https://cafe-am-bauhaus-museum.business.site, Tel. 0176 32386198, geöffnet: Di–Fr 9–18, Sa, So 9–19 Uhr. Ideal für ein ausgedehntes Frühstück oder einen Snack am Nachmittag.

52 [D3] **Café Caroline,** Herderplatz 8, https://cafe-caroline.business.site, Tel. 0176 84347707, geöffnet: Di–Fr 11–15.30 Uhr. Charmantes Café mit Mittagstisch und leckerem Kuchen.

53 [C3] **Café-Laden,** Karlstr. 8, www.cafeladen.de, Tel. 495849, geöffnet: Di–Sa 11–18 Uhr. Laden mit Café. Hier lassen sich ausgezeichnete Kaffees degustieren. Im Sommer gibt es eine Strandbar und einen Spielplatz für den Nachwuchs. Leckerer Kuchen, gutes Frühstück.

54 [D4] **Coffee Namu,** Bornberg 5, geöffnet: Mo–Fr 13–17 Uhr. Modernes Kaffeehaus mit sehr gutem Kaffee, leckerem Kuchen, Waffeln und Sandwiches.

55 [C4] **Crêperie du Palais,** Am Palais 1, https://creperie-weimar.de, Tel. 401581, geöffnet: Do–Sa 11.30–22, So 11.30–21 Uhr. Ob süß oder herzhaft: Im Angebot sind schmackhafte Crêpes und Galettes in allen Variationen.

56 [D4] **Frauentor Café und Restaurant,** Schillerstr. 2, www.cafe-frauentor.de, Tel. 511322, geöffnet: Mo, Di 11–18, Mi, Do 11–20, Fr 11–21, Sa 9–21, So 9–18 Uhr. In dem bekannten Weimarer Café speist man im klassischen Kaffeehausambiente. Große Kuchenauswahl und gutes, bodenständiges Essen, zumeist regionale Gerichte. Hier kann man auch frühstücken.

57 [C4] **Gelateria Giancarlo,** Schillerstr. 11, www.gelateria-giancarlo.de, Tel. 804790, geöffnet: tgl. 9–20 Uhr. Sehr leckeres Eis in riesiger Auswahl, dazu überzeugende Kuchenkreationen und schmackhaftes Frühstück.

58 [B4] **Koriat Kuchenmanufaktur,** Steubenstraße 48, www.koriat.de, Tel. 8552899, geöffnet: Di–So 10–18 Uhr. Etwas abseits gelegen, doch der Weg lohnt sich. Hervorragende Kuchen stehen zur Auswahl, ebenso erlesener Kaffee.

59 [D3] **La Tarte,** Jakobstr. 5–7 bzw. 10, www.latarte.eu, Tel. 2117326, Bistro: tgl. 17–22, Café: Di–So 11–18 Uhr. Bistro mit französischen Spezialitäten und ein lauschiges Café gleich um die Ecke.

60 [D4] **Residenz Café,** Grüner Markt 4, www.residenz-cafe.de, Tel. 59408, geöffnet: Mo–Sa 8–23, So 8–17 Uhr. Das **„Resi"** ist das Weimarer Traditionscafé schlechthin. Gute Küche, Gebäck und Frühstücksangebote. Gut besucht; zu den Stoßzeiten wird es zuweilen voll.

61 [B5] **Röstbrüder,** Richard-Wagner-Straße 17, https://roestbrueder.de, Tel. 01573 5355393, geöffnet: Mi–So 12–18 Uhr. Collin und Vincent vereint die Liebe zum guten Kaffee. Es wundert nicht, dass man dies mit jeder Tasse schmecken kann! Die selbst gerösteten Produkte können auch erworben werden.

Weimar am Abend

In Weimar kann man alles erwarten: von legerer, italienisch anmutender Ausgeh-Atmosphäre bis hin zur abends ausgestorbenen „Stadt der toten Dichter“. Es kommt ganz auf die Jahreszeit und den Tag an – und nicht zuletzt auf die Anzahl an auswärtigen Gästen, die der Stadt gerade einen Besuch abstatten.

Neben den in der folgenden Liste genannten Locations empfehlen sich für den Abend auch das **Residenz Café** (s. S. 97) und das **ACC Café-Restaurant** (s. S. 96).

Kneipen, Bars und Biergärten

62 [D4] **Guinness Irish Pub,** Marktstr. 14, geöffnet: Di–Sa ab 18 Uhr. Irische Gastlichkeit mitten im Zentrum. Neben Guinness gibt es auch Thüringer Biere.

63 [D4] **Havanna Club,** Schloßgasse/Burgpl. 2, www.havanaclub-weimar.de, Tel. 805588, geöffnet: tgl. ab 18 Uhr. Die ausgesprochen angenehme Bar atmet das Flair Lateinamerikas. Ideal zum Zurücklehnen und Chillen. Reiche Auswahl an köstlichen Cocktails.

64 [C1] **Loft Tapas & Meer,** Carl-August-Allee 12, www.loft-weimar.de, Tel. 776437, geöffnet: tgl. 17–mind. 3 Uhr. Diese schicke Wohlfühlbar in altem Gemäuer mit schönem Biergarten serviert exzellente Tapas und hervorragende Cocktails.

65 [C2] **Planbar,** Jakobsplan 6, Tel. 502785, geöffnet: tgl. ab 18 Uhr. Etwas schummrige, studentisch geprägte Bar zum gemütlichen Abhängen. Man trinkt Bier, Cider und Cocktails an einfachen Holztischen. Oft legen DJs auf.

66 [D4] **roxanne cafebar,** Markt 21, Tel. 800194, https://roxanne.markt21.org, geöffnet: Mo–Fr ab 11, Sa ab 13 Uhr (Okt–Apr. ab 14), So ab 14 Uhr. Gemütliche, urige Szenebar direkt am Markt. Es darf geraucht werden.

67 [D1] **Smuggler's Irish Pub,** Friedrich-Ebert-Str. 2, www.smugglers-pub.de, Tel. 0176 70276309, geöffnet: tgl. ab 18 Uhr. Etwas abseits der Innenstadt gelegen, dafür authentisch irisch. Häufig Livemusik und ab und zu Whiskey Tastings.

051we-ms

68 [D5] **Zum Goethebrunnen,** Frauenplan 13, www.goethebrunnen-weimar.de, Tel. 902226, geöffnet: tgl. 11–1 Uhr. Typische Weimarer Bierstube in einem der ältesten Häuser am Frauenplan. Mit rustikaler Thüringer Küche.

Livemusik, Clubs und Discos

69 [D4] **C.Keller,** Markt 21, www.c-keller.de, Tel. 502755, geöffnet: tgl. ab 21 Uhr, Eintritt: frei. Club und Bar in einem alten Kellergewölbe. Neben Konzerten – Jazz, Soul, Ska, Singer-Songwriter etc. – gibt es ein täglich wechselndes DJ-Programm. Im OG lädt eine Teestube in den Nachmittagsstunden (tgl. ab 16 Uhr) zum Entspannen ein. Angeschlossen ist auch die Galerie Markt 21 (s. S. 92).

70 [C3] **Kasseturm,** Goetheplatz 10, www.kasseturm.de, Tel. 851670. Der wohl bekannteste Studentenclub der Stadt, der sich großer Beliebtheit erfreut. Regelmäßig sehr gute Konzerte, außerdem Partys und sonntags gemeinsames „Tatort"-Gucken.

71 [C3] **mon ami,** Goetheplatz 11, www.monami-weimar.de, Tel. 847745. Alternatives Kulturzentrum mit Konzerten von Folk bis Rock, aber auch Theater, Comedy und Kino.

Theater, Konzerte und Kino

72 [C5] **Cinestar,** Schützengasse 14, 99423 Weimar, www.cinestar.de/kino-weimar, Tel. 7030200. Größeres Standard-Kino mit sechs Sälen.

052we-ms

Goethe und Schiller vor dem Nationaltheater 2

Beliebter Treffpunkt: unterwegs auf dem Frauenplan 8

2 [C4] **Deutsches Nationaltheater.** Eines der renommiertesten Theater Deutschlands. Moderne wie auch traditionelle Inszenierungen.

› **Kino im mon ami** (s. links), Eintritt: 6 €, Kinder 3 €. Bekanntes Programmkino mit Klassikern der Filmgeschichte und Kinderprogramm.

73 [D2] **Lichthaus Kino,** Am Kirschberg 4, www.lichthaus.info. An einem ungewöhnlichen Ort, dem ehemaligen Straßenbahndepot, werden anspruchsvolle und weniger bekannte aktuelle Filme gezeigt. Im Sommer gibt es Open-Air-Kino.

74 [D4] **Theater im Gewölbe,** Markt 11, www.theater-im-gewoelbe.de, Tel. 777377. Theater im Cranach-Haus. In den Stücken werden das Leben und Schaffen von Goethe und Schiller thematisiert. Außerdem gibt es eine Tanzschule im Gebäude.

75 [A5] **Thüringer Tanz-Akademie,** Schubertstraße 23, www.thueringer-tanz-akademie.de, Tel. 777377. Bei Weimarern beliebte Aufführungen an zwei Standorten, unter anderem in der Kultur-Kirche in der Schubertstr. 23.

40 [C2] **Weimarhalle und Weimarhallenpark.** Musikaufführungen und Messen, teilweise auch Open-Air-Konzerte im Park.

Weimar zum Stöbern und Shoppen

Für Powershopping ist die Stadt sicher nicht geeignet. Trotzdem übertrifft das Angebot an Läden das vieler anderer ostdeutscher Kleinstädte und wer gern durch **kleine, individuelle Läden** bummelt, ist in Weimar durchaus richtig. Für Mode, Drogeriewaren, Lebensmittel und ähnliches lohnen hingegen die innerstädtischen **Einkaufzentren** einen Besuch. Auf dem Markt ⑭ findet Montag bis Samstag der **Wochenmarkt** statt (Blumen, Zwiebelzöpfe, leckere Thüringer Bratwurst).

Einkaufszentren

76 [C4] **Goethekaufhaus,** Theaterpl. 2 a, www.konsum-weimar.de, Tel. 8696, geöffnet: Mo–Fr 10–20, Sa bis 18 Uhr. Supermarkt, Drogerie, Imbisse und viele Modegeschäfte.

77 [C4] **Schillerkaufhaus,** Schillerstr. 11, www.konsum-weimar.de, Tel. 473710, geöffnet: Mo–Sa 10–18 Uhr. Modekaufhaus mit allen gängigen Marken.

78 [D2] **Weimar Atrium,** Friedensstr. 1, www.weimar-atrium.de, Tel. 7750, geöffnet: Mo–Sa 9–20 Uhr. Einkaufszentrum mit Mode, Schmuck, Büchern, Drogerie und Sportgeschäften.

Bücher

79 [D4] **Eckermann Buchhandlung,** Marktstraße 2, Tel. 41590, www.eckermannbuchhandlung.de, geöffnet: Mo–Fr 10–19, Sa 10–18, Sa 12–18 Uhr. Sehr gut sortierte Buchhandlung im Fachwerkhaus.

Shoppingareale

Die wichtigsten Shoppingbereiche der Stadt sind im Kartenmaterial mit einer rötlichen Fläche markiert.

Kunsthandwerk, Design, Souvenirs, Mode

80 [C4] **Design We.Love,** Schützengasse 6, Tel. 01723562210, www.designwe.love, geöffnet: Mo–Sa 11–18.30 Uhr. Design, Deko und Möbel aus aller Welt.

81 [C5] **Einrichtungshaus Kneisz – Internationales Design,** Wielandplatz 3, www.bauhausshop.eu, Tel. 901678, geöffnet: Mo–Fr 10–18.30, Sa 10–14 Uhr. Hier kann man Bauhaus-Artikel (Accessoires, Möbel, Leuchten), Geschenke, Taschen und Ginkgo-Kollektionen erstehen.

82 [D4] **Ginkgo Geschenke Vera Cihar,** Brauhausgasse 4, Tel. 53807, geöffnet: Mo–Fr 11–17 Uhr. Geschmackvolle Ginkgo-Souvenirs, Bücher, Ansichtskarten und Keramik.

› **GinkgoShop,** im Ginkgo Museum (s. S. 90), www.ginkgoshop.de, geöffnet: Mo–Fr 10–18, Sa 10–17, So 11–17 Uhr. Viele interessante, teils ungewöhnliche Ginkgo-Produkte, auch Pflanzen und Samen, außerdem Bücher und Mitbringsel, auch online erhältlich. Angeschlossen sind die Ginkgo Appartements (s. S. 129).

83 [C4] **GoaGoa** ✿, Brauhausgasse 14, Tel. 0179 9209168, www.goagoa.de, geöffnet: Mi 14–18, Do, Fr 13.30–18, Sa 11–14 Uhr. Fair gehandelte Waren aus aller Welt, speziell aus dem Orient.

84 [D4] **moccarot Keramikatelier,** Marktstr. 15, Tel. 0160 96454313, geöffnet: Di–Fr 11–18, Sa 11–14 Uhr. Stilvolle, dezente Keramik für den Alltag.

85 [D4] **Museumsshop der Klassik,** Stiftung Weimar, Frauentorstr. 4, Tel. 545406, geöffnet: Mo–Sa 10–18, So 11–16 Uhr. Große Auswahl an informativen Büchern über die Weimarer Klassik und stilvolle Weimar-Andenken. In einzelnen Museen, z. B. in Goethes Wohnhaus ⑨ und dem Bauhaus-Museum ㊴, gibt es ebenfalls Shops der Stiftung.

86 [D4] **Peter Gensel Mineralien- und Fossilienhandel,** Schillerstraße 6, Tel. 491410, www.weimarnaturalien.de, geöffnet: Mo–Sa 10–18, So 12–18 Uhr. Riesige Auswahl an Mineralien, Fossilien, Präparaten und Naturschmuck.

87 [D5] **Schmuck & Design Susanne Schmidt,** Frauenplan 7, www.schmuckunddesign-weimar.de, Tel. 513817, geöffnet: Mo–Fr 9.30–19.30, Sa bis 18 Uhr. Hier gibt es schöne Ringe und anderen Schmuck.

88 [D4] **Vergiss Mein Nicht,** Kaufstr. 14–16, Tel. 856157, geöffnet: Mo–Fr 10–18, Sa 10–14 Uhr. Ein Laden zum Stöbern. Hier findet man geschmackvolle Wohnaccessoires, Dekoartikel, Taschen und Kindermode.

89 [C3] **Villa Taschenwerk,** Geleitstr. 7, Tel. 8552940, www.villa-taschenwerk.de, geöffnet: Mo–Fr 12–18, Sa 10–13 Uhr. Unikate aus Weimar und der Welt für Erwachsene und Kinder.

Mode

90 [D3] **Cara Apfelkern Gewandmeisterei,** Herderplatz 4, Tel. 814896, www.cara-apfelkern.com, geöffnet: Mi–Sa 12–18 Uhr. Individuelle Damenmode. Selbst gefertigte Kleider, Taschen und Kopfschmuck.

91 [C4] **Lieblingsstücke,** Windischenstr. 31, www.lieblingsstuecke-weimar.de, Tel. 415072, geöffnet: Mo–Fr 10–18, Sa 10–16 Uhr. Originelle Mode für Frauen, die auf der Suche nach ihrem persönlichen Lieblingsstück sind.

92 [C4] **LoveAFair**, Marktstr 22, Tel. 4573424, www.loveafair-weimar.de, geöffnet: Mo–Fr 10–18.30, Sa 10–18 Uhr. Bio- und Fair-Trade-Mode.

93 Schneekleidchen & Hosenrot, Damaschkestraße 1, https://fairkleidchen.de, Tel. 4437359, geöffnet: Mo–Do 11–18, Fr 10–18, Sa 10–16 Uhr. Fair gehandelte, kleidsame Mode.

053we-ms

Kindermode, Spielwaren

94 [C4] **Matz & Murkel**, Windischenstraße 25, www.matzundmurkel.de, Tel. 741766, geöffnet: Mo–Fr 10–18, Sa 10–16 Uhr. Ausgefallene Bio-Mode für Kinder.

95 [C4] **Steinboss,** Eisfeld 6, Tel. 854490, geöffnet: Mo–Sa 9–18 Uhr. Ein Geschäft der besonderen Art: Hier gibt es Holzspielzeug, antiquarische Kinderbücher u. v. m. Man merkt deutlich, dass der Besitzer seinen Laden mit Hingabe führt.

Lebensmittel, Backwaren und regionale Spezialitäten

96 [D3] **Bäckerei und Konditorei Stephan Rose,** Herderplatz 15, Tel. 814674, geöffnet: Mo–Fr 7–17, Sa 7–13 Uhr. Sehr gute Privatbäckerei. Leckere Brötchen nach DDR-Rezept, Kuchen und Torten. Mit Café.

97 [D3] **Bio-Laden Rosmarin**, Herderplatz 3, Tel. 804477, www.bioweimar.de, geöffnet: Mo–Fr 10–19, Sa 10–16 Uhr. Gut sortierter Laden mit vielen regionalen Produkten.

Kultur zum Mitnehmen gibt es in zahlreichen inhabergeführten Läden

98 [D4] **Thüringer Spezialitätenmarkt,** Frauentorstr. 13, Tel. 204670, www.thueringer-spezialitaeten.de, geöffnet: Mo–Fr 10–18, Sa 10–17, So 11–17 Uhr. Hier gibt es nahezu alle bekannten Thüringer Produkte, u. a. Wurst, Käse, Senf und Süßwaren.

99 [C3] **Viba sweets,** Geleitstr. 25, Tel. 808360, https://viba-sweets.de, geöffnet: Mo–Fr 10–16, Sa 10–14 Uhr. Leckere Nougat-Kreationen. Als Snack für Zwischendurch oder zum Verschenken.

MEIN TIPP

Shop 'n' Stop

Entspannt kauft man im **Bio-Laden Rosmarin** (s. S. 101) am Herderplatz ein. Diesem ist die **Estragon Suppenbar** (s. S. 96) angeschlossen. Verweilen kann man auch in der **Bäckerei Brotklappe** (s. S. 96) am Frauenplan sowie im **Goethekaufhaus** (s. S. 100) am Theaterplatz. Auch im **Café-Laden** (s. S. 97) in der Karlstraße kann das Einkaufen mit ein wenig Erholung kombiniert werden.

Weimar zum Durchatmen

Weimar lebt von seinen Parks. Romantische Stellen muss man im **Park an der Ilm** 17, der sich mitten in der Stadt befindet, nicht lange suchen. Weitläufige Rasenflächen und idyllisch gelegene Bänke laden zum Rasten und Erholen ein. Besonders schön ist es natürlich rund um **Goethes Gartenhaus** 18 mit seinen Rosen und Malven.

Auch in den Parkanlagen in **Tiefurt** 51 und **Belvedere** 48 kann man herrlich flanieren. Ebenso idyllisch ist der Garten an **Herders Wohnhaus** (s. S. 55), eine Oase inmitten der Stadt.

MEIN TIPP

Für Morgenmuffel

Der **Park an der Ilm** 17 ist der ideale Ort, um die ersten Sonnenstrahlen des Tages zu genießen. Hier findet sich immer ein stilles Plätzchen.

Das **Residenz Café** (s. S. 97) am Grünen Markt und das **Frauentor Café** (s. S. 97) in der Schillerstraße haben schon morgens geöffnet und bieten genügend Rückzugsorte für einen ersten Kaffee im Stillen.

Am **Donndorfbrunnen** 5 kann man etwas abseits des Trubels wunderbar verweilen. Ein Café lädt zudem zu Kaffee und Kuchen ein. Am **Frauenplan** 8 kann der pflastermüde Gast auf den Bänken unter der Pergola zur Ruhe kommen und das Erlebte Revue passieren lassen. Noch stiller und urwüchsiger ist der **Historische Friedhof** 24, wo man in Ruhe seiner Wege gehen kann.

Wollten die Weimarer Herzoge jagen gehen, so zog es sie nicht selten ins **Webicht.** Das Laubwaldgebiet war zudem Ziel zahlreicher Maler der Weimarer Malerschule, die hier nach Motiven suchten. Der bei **Wanderern beliebte Wald,** dessen Name so viel wie Morast bedeutet, ist ab dem Zentrum gut zu Fuß zu erreichen. Zur entsprechenden Jahreszeit können botanisch interessierte Gäste hier den Gefleckten Aronstab, den Hohlen Lerchensporn und den Wolfs-Eisenhut entdecken.

•100 [F3] **Webicht,** Zugang über die Tiefurter Allee

Orte für eine Pause im Grünen zu finden, ist in Weimar nicht schwer

Zur richtigen Zeit am richtigen Ort

Januar bis Juni

- April–Juni: Das **Bücherfest Lesarten** bietet Autorenlesungen, Lyrik und Filme. Es gibt auch ein eigenes Kinderprogramm. Weitere Informationen unter https://stadt.weimar.de/de/la-weimar.html.
- April–Anf. Juni: Konzerte anlässlich der **Thüringer Bachwochen.** Es gibt Orgelmusik, Symphoniekonzerte und Jazz (www.thueringer-bachwochen.de).
- Pfingsten: **Pfingst.Festival** auf Schloss Ettersburg 55 mit Theater, Jazz, Soul und Vorlesungen. Weitere Infos liefert die Website www.schlossettersburg.de (unter „Kultur"/„Pfingst.Festival").
- Mai–Mitte Juni: Das **Köstritzer Spiegelzelt** wird alljährlich auf dem Beethovenplatz aufgebaut. Das privat finanzierte Festival bietet Musik, Theater und Kabarett. Nähere Infos: www.koestritzer-spiegelzelt.de.
- Ende Mai/Anf. Juni: In Weimar lockt die **Museumsnacht.** Alle Museen haben am Samstag bis 24 Uhr geöffnet. Informationen bietet die Website www.weimar-tourist.de/museumsnacht.

Juli bis September

- Juli: Die **Bach Biennale** (www.bachbiennaleweimar.de) wartet alle zwei Jahre mit experimentierfreudiger Musik zum Thema Bach in Thüringen auf. Das Festival findet wieder 2025 und 2027 statt.
- Juli: Die **Weimarer Meisterkurse** sind ein zweiwöchiges Forum für den internationalen Musiknachwuchs. Mehrmals täglich gibt es Konzerte unterschiedlicher Genres, meist in der Hochschule für Musik Franz Liszt. Mehr Infos unter www.hfm-weimar.de.
- Juli/August: Der **MDR-Musiksommer** ist ein klassisches Musikfestival in ganz Mitteldeutschland. Einige der exzellenten Konzerte finden auch in Weimar statt. Nähere Infos: www.mdr.de/musiksommer.
- Juli/Aug.: Das Festival **Yiddish Summer** präsentiert jiddische Musik in all ihren Facetten, dazu Workshops. Näheres auf www.yiddishsummer.eu.
- Juli/Aug.: Aufführungen im Rahmen des **Sommertheaters Tiefurt** auf der Naturbühne im Schlosspark Tiefurt. Mehr

054we-ms

Der Zwiebelmarkt

Irgendwie steht die „siebenhäutige Königin“, wie man die Zwiebel auch nennt, sinnbildlich für Weimar. Wandelbar, facettenreich, überraschend, mild und zu Tränen rührend zugleich.

Bereits 1653 fand der „Viehe- und Zippelmarkt“ statt, so lässt es es jedenfalls ein Schreiben des Rates der Stadt an Herzog Wilhelm III. vermuten. Händler und Käufer strömten über Jahrhunderte hinweg auf den Frauenplan 8, um sich für den Winter mit lagerbarem Gemüse einzudecken. Unter ihnen war auch Goethe, der das „vegetabilische“ Angebot sehr zu schätzen wusste. Die Zeit des Markttreibens war für die ganze Stadt ein Gewinn. Die Gasthäuser waren bis auf den letzten Platz gefüllt und man konnte bei einem guten Stück Zwiebelkuchen den neusten Klatsch und Tratsch austauschen.

Noch heute können auf einem der größten Volksfeste Thüringens am zweiten Oktoberwochenende neben dem „Zebblkuchen“ auch kunstvoll geflochtene Zwiebelzöpfe erworben werden. Diese sind nicht nur schön anzusehen, laut altem Volksglauben sollen sie auch das Haus vor Unheil und Krankheiten beschützen.

055we-ms

erfährt man unter https://kultur-in-tiefurt.de/Sommertheater.

- 23. Aug.: Anlässlich von **Goethes Geburtstag** wird die Klassikerstadt Schauplatz diverser Veranstaltungen wie Konzerten und Lesungen. Die Internetseite www.klassik-stiftung.de informiert über Details.
- Aug./Sept.: Das **Kunstfest Weimar** widmet sich den verschiedenen Gesichtern Weimars, der Zeit der Klassik und den zwei Diktaturen. Theater, Tanz, Konzerte, Ausstellungen, vorwiegend im Nationaltheater. Näheres erfährt man unter www.kunstfest-weimar.de.
- Sept.: Der **Töpfermarkt Weimar** ist eine Veranstaltung der Thüringer Töpferinnung, bei der hochwertiges Kunsthandwerk feilgeboten wird. Weitere Informationen findet man online unter www.weimar.de („Kultur & Freizeit“/„Märkte und Feste“).

Oktober bis Dezember

- Okt.–Nov.: Die **Jazzmeile Thüringen** ist ein einzigartiges Festival mit außergewöhnlichen Konzerten. Weitere Informationen unter www.jazzmeile.org.
- Okt.: Der berühmte **Weimarer Zwiebelmarkt** findet bereits seit 1653 statt. Einst deckten sich die Bürger hier mit Zwiebeln und Gemüse für den Winter ein. An dem einen oder anderen der 600 Stände wird noch heute der bekannte Weimarer Zwiebelzopf angeboten. Der Zwiebelmarkt ist Markt und Volksfest in einem. Auch Konzerte finden statt. Weitere Informationen unter www.weimar.de/zwiebelmarkt.
- Ende Nov.–Dez.: Weimar richtet einen kleinen, aber durchaus charmanten **Weihnachtsmarkt** aus. Zu finden ist er auf dem Markt 14. Zeitweise findet zudem ein historischer Markt auf dem Gelände des Renaissanceschlosses Kromsdorf 52 statt.

WEIMAR VERSTEHEN

057we-ms

Weimar – ein Porträt

Als Folge der besonders in Thüringen stark ausgeprägten **Kleinstaaterei** mit zahllosen regionalen Verwaltungsorten und Herrschaftssitzen, reihen sich heute in dieser Region mit prächtigen Schlössern und Burgen gesegnete und geschichtlich bedeutsame Städte wie Perlen an einer Schnur aneinander. In der Mitte, zwischen Eisenach, Gotha und Erfurt im Westen sowie Jena, Gera und Altenburg im Osten, ist Weimar zu finden.

Es war gewiss die geschützte Lage in einer wasserreichen Senke, umgeben von den Höhenzügen des Ettersberges im Norden und dem Belvederer Forst im Süden, die die ersten Menschen in die Region lockte.

Vorseite: Persönlichkeiten der Weimarer Geschichte auf dem Balkon des „Elephanten“ (s. S. 37)

Im Innenhof des Stadtschlosses 16

Weimar in Zahlen

- **Gegründet:** 899
- **Einwohner:** 65.000
- **Bevölkerungsdichte:** 750 Einw./km²
- **Fläche:** 84,26 km²
- **Höhe ü. M.:** 208 m
- **Anzahl der Theaterbühnen:** 9

Sie siedelten vor vielen Tausend Jahren nahe der Ilm im heutigen Ortsteil **Ehringsdorf**, wie archäologische Funde beweisen. Weimar selbst wurde freilich erst sehr viel später, im Jahr 899, erstmals erwähnt und startete 1552 seine „Karriere“ als **Residenz**, als sich **Johann Friedrich I., genannt der Großmütige**, hier niederließ. Mit Lucas Cranach dem Älteren und gut einhundert Jahre später mit Johann Sebastian Bach zog es erste Künstler in die kleine Hauptstadt des Herzogtums Sachsen, deren für lange Zeit größte Attraktion der erstmals 1653 stattfindende Zwiebelmarkt war. Eine deutliche Änderung in der Außenwahrnehmung ergab sich erst mit dem **Zuzug Goethes** im 18. Jahrhundert.

059we-ms

Noch heute prägt die Ära des **Weimarer Viergestirns,** Goethe, Schiller, Wieland und Herder, das Selbstverständnis des Ortes. Selbstbewusst nennt man sich Klassikerstadt Deutschlands und zieht scharenweise Gäste an, die sich auf die Suche nach wichtigen Wurzeln der deutschen Kultur begeben. Dabei entdecken sie in Gestalt des **ehemaligen KZ Buchenwald** aber auch die grauenhafte Seite des Landes. Weimar verbirgt diesen Aspekt der Geschichte keineswegs, hadert aber mit ihm, denn zu grauenvoll, zu abscheulich war, was da passierte. Es entsteht (leider) nicht immer Gutes – wie zu Zeiten der Weimarer Republik –, wenn man im Mittelpunkt des Interesses steht.

Im Zentrum ist Weimar heute teilweise wieder angekommen. Kulturinteressierte aus nah und fern blicken auf die Stadt, ihre unglaubliche künsterische Vielfalt und die verschiedenen Spielarten von Architektur und Leben. Auf Kopfsteinplaster klappernde Kutschen, Denkmäler von Dichtern und Denkern, bedeutsame Gebäude und historisch wichtige Sammlungen „entführen" den Reisenden in vergangene Jahrhunderte, Elektrofahrzeuge und moderne Museumsdidaktik holen ihn wieder zurück in die Gegenwart.

Weimar ist wie ein **großes, lebendiges Museum** und wirkt doch keineswegs museal. Studenten der **Bauhaus-Universität** sorgen für frischen Wind und eine spürbare studentische Kultur. Weimar, eine Kleinstadt im gern etwas provinziell wirkenden Thüringen, hat nach wie vor überregionale Strahlkraft mit ihrem breitgefächerten kulturellen Angebot, einer schier unglaublichen Anzahl von Museen und ausgedehnten Parks, die dabei helfen, das Gesehene und Erlebte in Ruhe zu verarbeiten.

Das Thüringer Dreigestirn

Zentrale Orte der bekannten Thüringer Städtekette sind Erfurt, Weimar und Jena 58, ein geschichtlich eng verbundenes Dreigestirn mit grundverschiedenem Selbstverständnis. So sieht sich Weimar als Heimat der Kunst und Klassik, der die vermeintlich kulturlosen Nachbarn nur wenig entgegenzusetzen haben. Schon gar nicht die Erfurter Bürokraten, deren (geheimer) Traum wohl noch immer die Fusion der beiden räumlich nur 25 Kilometer entfernt liegenden Theater ist. Dieser Vereinnahmung gilt es sich von Weimarer Seite aus vehement zu widersetzen. Gegen den Titel der Thüringer Hauptstadt hätte man nach der Wende hingegen nichts einzuwenden gehabt, ist mittlerweile jedoch ganz froh, dass dieser Kelch an der Stadt vorüberging, hätte dieser Status doch auch umfassende bauliche Veränderungen mit sich gebracht.

Mitten im energiegeladenen Spannungsfeld einer durchaus ernst gemeinten Rivalität liegt Weimar ohnehin, denn zwischen Jena und Erfurt, den beiden größten Thüringer Städten, funkt es mitunter gewaltig, zumindest auf fußballerischer Ebene. Jena als Heimat von Wissenschaft und Forschung im Freistaat versucht sich gegen den doppelt so großen Verwaltungssitz Erfurt, die baulich mittelalterlich geprägte Blumen- und Kirchenstadt, zu behaupten. Umso absurder ist es, dass zeitweise aus Kostengründen ein gemeinsames Erfurt-Jenaer Stadion im Raum stand, das in der Mitte, in Weimar, platziert werden sollte. Zum Glück drehte diese heraufziehende Gewitterwolke wieder ab.

Zitatestadt

Weimars Wände können sprechen. Überall in der Stadt zieren Zitate die Fassaden. Sie regen zum Nachdenken an, beziehen sich jedoch nicht immer auf Weimar. Dabei gibt es über die Klassikerstadt viel zu sagen.

- „Laßt den Wienern ihren Prater; Weimar, Jena, da ist's gut!" – Johann Wolfgang von Goethe
- „Wohin willst Du dich wenden? Nach Weimar-Jena, der großen Stadt, die an beiden Enden viel Gutes hat." – J. W. von Goethe
- „Jetzt muß der Geist von Weimar, der Geist der großen Philosophen und Dichter wieder unser Leben erfüllen." – Friedrich Ebert (1871–1925), ab 1918 Reichskanzler
- „Ohne Weimar ist die Geschichte der deutschen Kultur nicht denkbar." – Roman Herzog (1934–2017)
- „Meine Idee von Weimar ist keine kleine. Ich glaube bestimmt, dass Weimar gerade um seiner Weltbekanntheit willen der geeignetste Boden ist, um dort den Grundstein einer Republik der Geister zu legen." – Walter Gropius
- „Hier gehet es mir wohl!" – Martin Luther über seinen Aufenthalt in Weimar anno 1540
- „Von Weimar, der Dichterstadt, ist Sonnenschein in mein Dichterleben hineingeströmt." – Hans Christian Andersen (1805–1875)
- „Weimar ist von einer enormen Sommerlichkeit, und dies selbst auch an trüben Herbsttagen." – Cornelius Pollmer, Süddeutsche Zeitung
- „Glücklich Weimar! – Von den Städten allen / Bist du, kleine, wunderbar bedacht" – Johann Peter Eckermann (1792–1854)

Von den Anfängen bis zur Gegenwart

Das kleine Herzogtum Weimar hatte im 18. Jh. zunächst Glück, denn es bekam mit **Anna Amalia** (1739–1807) eine zwar extrem auf Etikette achtende, aber auch sehr gebildete und an Kunst interessierte Regentin. Ihr Sohn **Carl August I.** stand ihr in nichts nach. Im Gegenteil, er vermochte es, das Herzogtum Sachsen-Weimar fortschrittlich umzugestalten. Seine Freundschaft mit **Goethe** (1749–1832) prägte die Kultur, Politik und Entwicklung der Stadt. Weimar wurde so bis zur Abdankung des letzten Großherzogs im Jahr 1918 zu einem Ort der Kunst und des freiheitlichen Denkens, allerdings stets unter den Prämissen des Absolutismus.

Nach dem Ende des Ersten Weltkriegs und dem Zusammenbruch des Kaiserreichs begannen für Weimar zunächst hoffnungsvolle Zeiten. 1919 gründete Walter Gropius (1883–1969) hier das **Bauhaus.** Im gleichen Jahr fand im Deutschen Nationaltheater 2 die **Weimarer Nationalversammlung** (s. S. 111) statt. Die demokratische Ära der **Weimarer Republik** wurde eingeläutet.

In dieser Zeit der dramatischen Umbrüche begann Weimar, sich zu verändern. Vor allem das Bildungsbürgertum schaute mit verklärtem Blick zurück auf das herzoglich geprägte „Klassische Weimar" und damit auf eine Zeit der Stabilität und der Machtausübung durch einen Regenten. Als die dominante Mittelschicht von den Wirtschaftskrisen der 1920er-Jahre getroffen wurde, distanzierte sie sich zunehmend von der parlamentarischen Weimarer Republik. Die Stadt entwickelte

058we-ms

sich zu einem Zentrum konservativer und **nationalistischer Strömungen.** Die Machtverhältnisse im Thüringer Landtag verschoben sich zugunsten der nationalistischen Parteien. Mit dem erzwungenen Umzug des Bauhauses nach Dessau im Jahr 1925 und dem zweiten **Parteitag der NSDAP** 1926 im Nationaltheater begann eine düstere Zeit. Zwei Ansichten trafen dabei unheilvoll aufeinander: Für Hitler war Weimar die Quelle der deutschen Kulturtradition, für das Bildungsbürgertum symbolisierte Hitler Ordnung, Sicherheit und ein neues, stabiles System. Er machte Weimar zum Zentrum des Gaus Thüringen. Goethes und Schillers Erbe wurde für nationale und totalitäre Ideen missbraucht. Die Errichtung des **Konzentrationslagers Buchenwald** 56 vernichtete alles, wofür Weimar bis dato gestanden hatte. Nach der Befreiung der Stadt durch US-Truppen 1945 und der Übergabe an die Rote Armee wurde das ehemalige KZ ein weiteres Mal instrumentalisiert, diesmal unter sozialistischen Vorzeichen im Zuge der zweiten deutschen Diktatur, der DDR.

Weimar hat heute im positiven Sinne zu seinen Wurzeln zurückgefunden. Der Geist der Klassik (s. S. 24) ist wieder überall spürbar. Die Kleinstadt ehrt ihre Dichter und Denker mit einem überwältigenden Kulturangebot. Doch trifft man auch immer wieder auf Spuren der NS-Zeit. Diese mahnen nach wie vor zur Vorsicht gegenüber totalitären Ideologien.

Blick auf den Ettersberg und den Glockenturm der Gedenkstätte Buchenwald 56

Weimarer Bilderstreit

Wie sensibel mit dem Thema „Kultur in Zeiten der Diktatur" umgegangen werden sollte, zeigt der sogenannte „Weimarer Bilderstreit" im Jahr 1999. Weimar war gerade Kulturhauptstadt Europas und wollte sich der Welt mit all seinen Facetten präsentieren. Die Ausstellung „Aufstieg und Fall der Moderne" sollte daher den künstlerischen Bogen von der Zeit des Bauhauses über die NS-Zeit bis hin zur Zeit der DDR spannen. Die Komplexität des Themas zeigt der nach der Ausstellungseröffnung entbrannte Zwist.

Man hatte im Gauforum Werke der Nazi-Zeit räumlich nah am Ausstellungsteil „Offiziell und Inoffiziell – Die Kunst der DDR" präsentiert. Dies suggerierte nun, die Bilder der sozialistischen Zeit wären „Geschichtsmüll" und als solcher nichts wert. Einige Künstler fühlten sich diffamiert und forderten die Rückgabe ihrer Werke.

Das kleine, große Weimar und seine bewegte Geschichte polarisieren noch immer. Die Stadt ist ein lehrreicher Ort, dessen Gegensätze schon Goethe erahnte, als er schrieb:

O Weimar! dir fiel ein besonder Los:
Wie Bethlehem in Juda,
klein und groß!
Bald wegen Geist
und Witz beruft dich weit
Europens Mund,
bald wegen Albernheit.
Der stille Weise schaut
und sieht geschwind
Wie zwei Extreme
nah verschwistert sind.

(aus: „Auf Miedings Tod")

200.000–120.000 v. Chr. Der Fund des Ehringsdorfer Urmenschen zeigt, dass die Region schon zur Steinzeit besiedelt ist.

899 Die Stadt Wimares wird erstmals erwähnt.

975 Erste urkundliche Erwähnung der Burg Weimar in einem Dokument von König Otto II. (955–983)

1410 Weimar erhält das Stadtrecht.

15. Jh. Bau der Stadtmauer, Verleihung zusätzlicher Marktrechte. Weimar ist Teil des Kurfürstentums Sachsen.

1552 Johann Friedrich I. (1503–1554), genannt der Großmütige, macht Weimar zu seiner Residenz.

1572 Im Zuge der Erfurter Teilung wird das Herzogtum Sachsen-Weimar ausgerufen. Beginn der Thüringer Kleinstaaterei.

4.10.1653 In Weimar findet der erste Zwiebelmarkt statt.

1691 Herzog Wilhelm Ernst (1662–1728) errichtet die öffentlich zugängliche Herzogliche Bibliothek, die heutige Herzogin Anna Amalia Bibliothek.

1708–1717 Johann Sebastian Bach (1685–1750) wirkt in Weimar als Hoforganist, später als Konzertmeister.

1741 Das Fürstentum Eisenach fällt an Sachsen-Weimar.

1759 Beginn des „Goldenen Zeitalters" unter Herzogin Anna Amalia (1739–1807)

1772 Christoph Martin Wieland (1733–1813) wird als Erzieher des Erbprinzen Carl August nach Weimar berufen.

1775 Carl August (1757–1828) übernimmt die Regierungsgeschäfte und Johann Wolfgang von Goethe (1749–1832) kommt nach Weimar. Anna Amalia ruft den Musenhof für kulturell interessierte Bürger und Adlige ins Leben.

1776 Goethe wird Minister in Weimar und Johann Gottfried Herder (1744–1803) Generalsuperintendent.
1794–1805 Zeit der Weimarer Klassik und der Zusammenarbeit des Viergestirns Goethe, Schiller, Herder und Wieland
1815 Das Herzogtum Sachsen-Weimar-Eisenach wird zum Großherzogtum.
1816 Verabschiedung der ersten Verfassung eines deutschen Landes
1832 Goethe verstirbt am 22. März und wird in der Fürstengruft beigesetzt.
1842 Franz Liszt (1811–1886) wird Kapellmeister in Weimar. Beginn des „Silbernen Zeitalters“ unter Großherzogin Maria Pawlowna (1786–1859).
1918 Großherzog Wilhelm Ernst (1876–1923) dankt als Folge der Novemberrevolution ab.
1919 Das Bauhaus Weimar wird gegründet. Die verfassungsgebende Versammlung tagt im Nationaltheater. Beginn der Weimarer Republik.
1920 Weimar wird Hauptstadt des neu gegründeten Landes Thüringen.
1925 Nach dem Sieg konservativer Kräfte bei den Landtagswahlen siedelt das Bauhaus nach Dessau über.
1926 Parteitag der NSDAP in Weimar und Gründung der Hitlerjugend
1937–1945 Vereinnahmung der Stadt durch die Nationalsozialisten. Bau des KZ Buchenwald.
1945 Bombardierung Weimars und Befreiung durch die Amerikaner. Die Stadt wird an die Rote Armee übergeben.
1948 Das Deutsche Nationaltheater und Goethes Wohnhaus werden wiedereröffnet.
17./18. Juni 1953 Streik von 3000 Betriebsangehörigen im VEB Mähdrescherwerk. Die politische Führung erklärt den Ausnahmezustand und verhindert Demonstrationszüge durch die Stadt.
1958 Einweihung der Mahn- und Gedenkstätte Buchenwald

Deutsche Nationalversammlung

Als Folge der Novemberrevolution von 1918 und der Abdankung des Kaisers musste die am 19. Januar 1919 gewählte Nationalversammlung über die Staatsform und die Verfassung des Deutschen Reichs entscheiden. Die konstituierende Sitzung sollte dabei in einem kleinen Ort fernab des von revolutionären Erschütterungen geprägten Berlin stattfinden. Mit der Wahl des freiheitsliebenden Weimars, des Ursprungsorts der Weimarer Klassik, erhoffte man sich, international ein positives Zeichen zu setzen.

Da die erste Sitzung schon am 6. Februar stattfinden sollte, musste schnell gehandelt werden. Die Stadt befand sich von einem Tag auf den anderen im Ausnahmezustand. Das Theater wurde zum provisorischen Parlament umgebaut und eine Kurier- und Zivilfluglinie nach Berlin eingerichtet. Am 11. Februar 1919 nahm die „Weimarer Koalition“ aus SPD, Zentrumspartei und DDP ihre Arbeit auf.

Für 197 Tage war Weimar Regierungssitz und somit Hauptstadt des Deutschen Reiches. Nach der Wahl Friedrich Eberts zum Reichspräsidenten und Philipp Scheidemanns zum Reichsministerpräsidenten nahm die Regierungskoalition ihre Arbeit auf. Am 31. Juli 1919 konnte die neue, demokratische Verfassung verabschiedet werden. Die Zeit von der Ausrufung der Republik am 9. November 1918 und der Ernennung Adolf Hitlers zum Reichskanzler am 30. Januar 1933 ging später als Weimarer Republik in die Geschichtsbücher ein.

Das Who's Who von Weimar

Die schier endlose Reihe berühmter Persönlichkeiten, die in Weimar geboren wurden oder gelebt haben, gleicht einem Who's Who der Kunst- und Kulturgeschichte. Seit Jahrhunderten gaben sich in der kleinen thüringischen Stadt Weltbürger die Klinke in die Hand. Einige verweilten nur kurz, andere bis an ihr Lebensende. Und immer wieder erstaunt und verwundert es, wer alles mit Weimar in Verbindung gebracht werden kann.

- **Anna Amalia von Braunschweig-Wolfenbüttel** (1739–1807): Herzogin von Sachsen-Weimar und Eisenach. Aufgeklärte Regentin und Mäzenin.
- **Hans Christian Andersen** (1805–1875): Der dänische Dichter, Schriftsteller und Märchenerzähler weilte unter anderem auf Schloss Ettersburg.
- **Carl Philipp Emanuel Bach** (1714–1788): in Weimar geborener Komponist und der berühmteste der Söhne Bachs
- **Johann Sebastian Bach** (1685–1750): Bach weilte zwischen 1708 und 1717 in Weimar und war ab 1714 Konzertmeister.
- **Ludwig Bechstein** (1801–1860): in Weimar geborener Schriftsteller und Bibliothekar, der durch seine Sammlung deutscher Volksmärchen bekannt wurde
- **Friedrich Justin Bertuch** (1747–1822): in Weimar geborener Verleger und Mäzen, der unter anderem Unterrichtswerke für Kinder herausbrachte
- **Carl Alexander, Großherzog von Sachsen-Weimar-Eisenach** (1818–1901): Regent mit liberalen Ansichten und Kulturförderer
- **Carl August von Sachsen-Weimar-Eisenach** (1757–1828): Förderer der Weimarer Klassik. Holte Goethe nach Weimar.
- **Clemens Wenzeslaus Coudray** (1775–1845): Architekt und Oberbaudirektor des Großherzogtums Sachsen-Weimar-Eisenach. Präg-

060we-ms

te mit seinen Bauten nachhaltig das Bild der Stadt.

- **Lucas Cranach der Ältere** (1472–1553): Er verbrachte sein letztes Lebensjahr in Weimar. Begraben auf dem Jakobsfriedhof.
- **Lucas Cranach der Jüngere** (1515–1586): beendete das Altarbild in der Stadtkirche
- **Marlene Dietrich** (1901–1992): studierte an der Staatlichen Musikschule Weimar
- **Adolf Donndorf** (1835–1916) – gebürtiger Weimarer, bedeutender Bildhauer
- **Johann Peter Eckermann** (1792–1854): enger Vertrauter Goethes, Hauptherausgeber seines literarischen Nachlasses
- **Ernst August I.** (1688–1748) – jagdbesessener Barockherrscher, der das Land in den finanziellen Ruin trieb
- **Johannes Daniel Falk** (1768–1826): Schriftsteller und Kirchenlieddichter. Begründer der Rettungshausbewegung und Jugendsozialarbeit. Starb in Weimar.
- **Lyonel Feininger** (1871–1956): Maler, der Kirchen und Dorfkerne des Weimarer Umlands auf Leinwand bannte. Leiter der grafischen Werkstatt des Bauhauses.
- **Caspar David Friedrich** (1774–1840): 1805 war Friedrich mit den Zeichnungen „Wallfahrt bei Sonnenaufgang" und „Fischer am See" auf der 7. Weimarer Kunstausstellung vertreten.
- **Christiane von Goethe** (1765–1816): In Weimar als Johanna Christiana Sophie Vulpius geboren, war sie ab 1806 Goethes Ehefrau. Aufgrund ihrer einfachen Herkunft wurde sie oft verspottet, obgleich sie ein humorvoller, treuer und engagierter Mensch war. Verhinderte u. a. die Plünderung von Goethes Wohnhaus durch Napoleonische Truppen.
- **Johann Wolfgang von Goethe** (1749–1832): Dichter, Denker, Naturforscher. Leitete ein Vierteljahrhundert lang das Hoftheater. Der wohl einflussreichste Neu-Weimarer.
- **Walter Gropius** (1883–1969): Architekt, Direktor der Großherzoglich-Sächsischen Hochschule für Bildende Kunst und späterer Begründer des Bauhauses
- **Jutta Hecker** (1904–2002): in Weimar geborene Schriftstellerin
- **Heinrich Heine** (1797–1856): besuchte Goethe in Weimar während einer seiner berühmten Harzreisen
- **Johann Gottfried Herder** (1744–1803): Schriftsteller, Dichter, Theologe, Philosoph. Generalsuperintendent in Weimar. Kam auf Bestreben Goethes in die Stadt.
- **Alexander von Humboldt** (1769–1859): Der Forschungsreisende tauschte sich in Weimar mit Goethe über naturwissenschaftliche Themen aus.
- **Johann Nepomuk Hummel** (1778–1837): Komponist und Pianist, war zeitweise Kapellmeister in Weimar
- **Henrik Ibsen** (1828–1906): besuchte Weimar im Rahmen der Erstaufführung von „Frau vom Meere"
- **Franz Kafka** (1883–1924): Der Schriftsteller besuchte als 29-Jähriger Weimar und stattete unter anderem dem Goethehaus einen Besuch ab.

Carl August grüßt seine Stadt vom hohen Ross

- **Wassily Kandinsky** (1866–1944): russischer Maler und Grafiker, der als Lehrer am Bauhaus tätig war
- **Harry Graf Kessler** (1868–1937): Kunstsammler und Mäzen. Gestaltete Weimars Museumslandschaft neu.
- **Paul Klee** (1879–1940): Schweizer Maler und Grafiker, der am Bauhaus lehrte
- **August von Kotzebue** (1761–1819): in Weimar geborener Dramatiker und Schriftsteller. 87 seiner Werke inszenierte Goethe höchstpersönlich.
- **Max Liebermann** (1847–1935): Maler und Grafiker des deutschen Impressionismus. Ausbildung in Weimar.
- **Udo Lindenberg** (*1946): stellte seine Likörelle und Goethe-Motive in Weimar aus und residierte im Hotel Elephant
- **Franz Liszt** (1811–1886): ungarischer Pianist und Komponist, von 1843 bis 1863 Kapellmeister
- **Martin Luther** (1483–1546): Theologe und Reformator, der öfter in Weimar weilte. Er predigte in der Stadtkirche St. Peter und Paul (Herderkirche).

085we

- **Thomas Mann** (1875–1955): 1949 wird dem Schriftsteller im Nationaltheater der erste Goethe-Nationalpreis verliehen. Mann wird Ehrenbürger der Stadt.
- **Edvard Munch** (1863–1944): Der norwegische Maler besuchte zwischen 1904 und 1907 mehrfach Weimar und hielt sich längere Zeit in den Künstlerkreisen der Stadt auf. Aus seiner Weimarer Zeit stammt unter anderem das „Selbstbildnis mit Weinflasche" (1906).
- **Napoleon Bonaparte** (1769–1821): weilte im Zuge der Doppelschlacht von Jena und Auerstedt 1806 in Weimar. Goethe schlug jedoch ein Audienzgesuch aus.
- **Friedrich Nietzsche** (1844–1900): Der Philosoph verbrachte seinen Lebensabend in der Klassikerstadt Weimar.
- **Novalis** (Georg Philipp Friedrich von Hardenberg, 1772–1801): Der Schriftsteller und Philosoph traf Goethe im März 1798 erstmals in Weimar und bewunderte ihn als „merkwürdigsten Physiker unsrer Zeit".
- **Jean Paul** (1763–1825): Der Schriftsteller lebte zeitweise in Weimar.
- **Maria Pawlowna** (1786–1859): durch Heirat Großherzogin von Sachsen-Weimar-Eisenach, machte aus Weimar eine kulturelle Metropole
- **Gabriele Reuter** (1859–1941): zu Lebzeiten sehr beliebte Schriftstellerin, trat für die Rechte der Frauen ein
- **Rainer Maria Rilke** (1875–1926): österreichischer Lyriker, der zwischen 1910 und 1913 Weimar dreimal besuchte

Maria Pawlowna, Vertreterin des sogenannten Silbernen Zeitalters

- **Friedrich Schiller** (1759–1805): Der Dichter, Philosoph und Historiker siedelte 1799 nach Weimar um. Neben Goethe der bedeutendste Vertreter der Weimarer Klassik.
- **Karl Friedrich Schinkel** (1781–1841): Der Baumeister und Architekt stattete der Stadt mehrfach einen Besuch ab. „Einen ganzen und lehrreichen Tag habe ich beim Goethe in Weimar verlebt, der mich höchst freundlich bei sich aufnahm."
- **Arthur Schopenhauer** (1788–1860): Der Danziger Philosoph lebte zeitweise in Weimar.
- **Marie Seebach** (1829–1897): Schauspielerin, die 1895 in Weimar ein Heim für hilfsbedürftige Bühnenkünstler stiftete
- **Charlotte von Stein** (1742–1827): Dame des Hofes, enge Vertraute und eventuell auch Liebhaberin Goethes
- **Rudolf Steiner** (1861–1925): Der Schweizer Begründer der Anthroposophie war Mitarbeiter des neu gegründeten Goethe- und Schiller-Archivs.
- **Ludwig Tieck** (1773–1853): Schriftsteller und Verfasser von Reiseliteratur. Traf mehrfach Goethe in Weimar.
- **Henry van de Velde** (1863–1957): belgischer Architekt und Designer. Wurde 1902 Leiter des Weimarer Kunstgewerblichen Seminars und 1908 Direktor der von ihm erbauten Kunstgewerbeschule Weimar.
- **Richard Wagner** (1813–1883): Die lange Freundschaft des Komponisten mit Franz Liszt begann in Weimar.
- **Christoph Martin Wieland** (1733–1813): Dichter und Übersetzer der Aufklärung
- **Carl Zeiss** (1816–1888): in Weimar geborener Unternehmer

061we-us

Herbst 1989 Politische Wende. In Weimar demonstrieren bis zu 15.000 Menschen und halten Friedensgebete ab.

1996 Ernennung der Bauhaus-Stätten zum UNESCO-Weltkulturerbe

1998 Die Gebäude des „Klassischen Weimar" werden UNESCO-Weltkulturerbe.

1999 Weimar ist Kulturhauptstadt Europas.

2002 Der literarische Nachlass Goethes wird UNESCO-Weltdokumentenerbe.

2004 Am 2. September zerstört ein verheerendes Feuer in der Herzogin Anna Amalia Bibliothek mehr als 50.000 historische Bücher.

2007 Die Bibliothek wird nach dem Brand wiedereröffnet.

2018–2030 Sanierungsarbeiten am Stadtschloss

2019 Eröffnung des neuen Bauhaus-Museums anlässlich des 100. Bauhaus-Jubiläums

Ab 2026 Sanierungsarbeiten am Goethe-Wohnhaus.

Die Anna Amalia Bibliothek **12** *und der Turm des Stadtschlosses* **16**

Leben in Weimar

Kopfsteinpflaster und Pferdekutschen, flanierende Menschen in den Gassen der Altstadt und Violinenklänge aus den Räumen der Musikhochschule – Weimar gibt sich auf den ersten Blick sehr beschaulich. Doch ist die Stadt nicht nur ruhig und idyllisch. Weimar steckt voller Überraschungen und bietet auf kleinem Raum so viel **Kultur**, dass es selbst dem versierten Weimarer oft genug schwerfällt, sich zwischen den unzähligen Theaterdarbietungen, Filmvorführungen, Ausstellungen, Lesungen oder auch Konzerten zu entscheiden. Selbst vor dem **öffentlichen Raum** macht die Kunst nicht halt. An 11 Hauswänden der Stadt kann man Zitate von Dichtern, Denkern und Philosophen lesen. Und auch die Jugend macht sich an diversen Hauswänden so ihre Gedanken, oftmals kreativ, jedoch nicht immer. In jedem Fall ist diese Kunstform Ausdruck einer gewissen Auflehnung gegen das doch recht bürgerliche, klassische Weimar.

Rebellisch war man in Weimar auch schon in den 1980er-Jahren, wobei sich der Groll seinerzeit gegen das **DDR-Regime** wandte. „Macht aus dem Staat Gurkensalat“ und „Wehr dich“ forderten Graffiti. Man traf sich in den Studentenclubs, von denen es vier Stück gab, in Kellern oder Privatwohnungen zum Gedankenaustausch, zu Lesungen und Konzerten. Nach der Wende wurde die **Untergrundkultur** sichtbar und hat in Form des C.Keller (s. S. 99) und des ACC (s. S. 92) bis heute überlebt.

Weimar ist heute ein Ort, in dem es sich gut leben lässt. Nie ist es weit bis zu einem **Park** oder einem **Garten**. Die Stadt wächst, wobei besonders ältere Menschen zuziehen, um hier ihren Lebensabend zu verbringen. Doch ist Weimar keineswegs überaltert. Überall sieht man **Familien mit Kindern**, auf dem Weg nach Hau-

062we-ms

se, zum Spielen in den Park oder in die Kindertagesstätte, von denen es selbst im Zentrum reichlich gibt. Man wohnt gern in den **mondänen Villen und Gründerzeithäusern** der Stadt. Meist umgeben von einem idyllischen Garten und perfekt saniert bieten sie einen idealen, stilvollen Wohnraum, was durchaus nicht immer so war. Häuser aus Vorkriegszeiten waren zu DDR-Zeiten nur mühselig mit Kohle heizbar und die Fenster undicht. Viele zog es da in die Plattenbaugebiete, die sich in Weimar östlich und nördlich des Zentrums befinden. Zwar wurden die Häuser mittlerweile weitestgehend saniert, gehören aber dennoch zu den **Problemzonen der Stadtentwicklung.**

Ganz anders sieht es da in der Innenstadt aus. Der Wohnraum hier ist teuer und bei allen Altersgruppen beliebt, nicht zuletzt, da alles fußläufig erreichbar ist, denn wie heißt es doch schon in Thomas Manns Roman „Lotte in Weimar“: „Bei uns in Weimar gibt es dergleichen wie weite Wege nicht.“ Weiter schreibt er „(...) unsere Größe beruht im Geistigen.“ Und Nahrung für den Geist gibt es in Weimar nun wirklich allerorten. Doch auch der Bauch braucht Nahrung und so mag es vielleicht nicht verwundern, dass die Stadt an guten **Cafés** und **Restaurants** geradezu überquillt. Gemessen an der Einwohnerzahl ist die Gasthausdichte dabei fast so hoch wie in Berlin, was zeigt, dass der **Dienstleistungssektor** in Weimar einen Stellenwert hat, wie in kaum einem Ort Deutschlands. 87 % der berufstätigen Bevölkerung sind in ihm beschäftigt, wobei man stark von den an den Tourismus angegliederten Stellenangeboten abhängig ist.

Weimar ist heute trotz zahlreicher Besucher ein **Ort mit Charme,** in dem es auch so manche stille und ruhige Ecke gibt. Dass sich ein Besuch in der Stadt lohnt, wusste übrigens auch schon Goethe, der zu seinem Freund Eckermann sagte: „Wo finden Sie auf einem so engen Fleck noch so viel Gutes? (...) Bleiben Sie bei uns, und nicht bloß diesen Winter, wählen Sie Weimar zu Ihrem Wohnort.“

Noch heute folgen viele und vor allem ältere Menschen dem Ruf Goethes und machen Weimar zu ihrem Wohnort. Dies führt zu steigenden Einwohnerzahlen, jedoch eher nicht zu einer Verjüngung der **Bevölkerungspyramide** jener Stadt, deren Bewohner kulturell zwischen Bratwurst, Zwiebelzopf, Programmkino und Nationaltheater schwanken.

KURZ & KNAPP

Sind Sie ein Weimaraner?

Wenn **Hunde** sprechen könnten, wäre die Antwort vielleicht ein Ja. Ansonsten dürfte man auf die Frage eher ein ungläubiges Kopfschütteln erhalten. Schließlich sind die Bürger Weimars noch immer Weimarer. Der Weimaraner hingegen hat vier Pfoten, ein graues, geschmeidiges Fell und geht gern auf die Jagd. Die Anfänge seiner Zucht liegen wohl in den umliegenden Forsthäusern verborgen, so genau weiß man es nicht. Fakt ist hingegen, dass Großherzog Karl August von Sachsen-Weimar-Eisenach (1757–1828) an seinem Hof Weimaraner hielt und sie so salonfähig machte. Als Rasse wird der bis zu 70 cm große Hund seit 1890 erfasst und gezüchtet.

Markttreiben in Weimar

Weimar als Tatort

Wenn **Christian Ulmen** einen Hauptkommissar namens Lessing verkörpert, der mit Vorliebe Goethe zitiert, und **Nora Tschirner** als Kommissarin Kira Dorn schlagfertige verbale Achterbahnfahrten hinlegt, kann nur ein „Tatort“ herauskommen, der sich, wie der aus Münster, selbst nicht ganz ernst nimmt. Weniger vorherzusehen war der Erfolg, den die am 12. Dezember 2013 ausgestrahlte erste Folge **„Die Fette Hoppe“** haben würde, bei der es um das Verschwinden der Weimarer Wurstkönigin Brigitte Hoppe ging. Nicht weniger als acht Millionen Zuschauer sahen zu und verlangten nach Nachschlag, sodass aus einem als Einzelevent angelegten Film eine Reihe wurde. Zum Vergleich: Der vom MDR eigentlich favorisierte Erfurter Tatort wurde bereits nach zwei Folgen mangels tiefgründiger oder wenigstens unterhaltsamer Dialoge 2014 wieder eingestellt. Lessing und Dorn hingegen durften noch elfmal ermitteln und viele dunkle Thüringer Geheimnisse ans Licht bringen, bis zum vorerst letzten Fall, **„Der Feine Geist“**, der am 1. Januar 2021 ausgestrahlt wurde.

Ob und wie es in Zukunft weitergehen wird, steht noch in den Weimarer Sternen. Lessing, der den Serientod starb, könnte höchstens noch, wie von Christian Ulmen selbst vorgeschlagen, als Geist wiederauferstehen und wie sein Vorbild Goethe fortan durch Weimar schweben. Wahrscheinlicher ist hingegen, dass neue Ermittler die Klassikerstadt oder andere Orte der Region (un-)sicher machen werden.

Einige **Drehorte** der Filme waren unter anderem das Thüringer Landesverwaltungsamt, die Parkhöhle (s. S. 46) und der Markt 14. Auch im Bad Berkaer Ortsteil München wurde für die Folge „Der letzte Schrey“ schon gedreht.

Auch der Markt 14 war Drehort für den Weimarer „Tatort“

071we ©Sina Ettmer, stock.adobe.com

063we-ms

An- und Rückreise

Mit Bus und Bahn

Der **Bahnhof Weimar** liegt nördlich des Zentrums am Ende der Carl-August-Allee, etwa zehn Gehminuten von der Innenstadt entfernt. Ab hier besteht unter anderem eine Verbindung nach **Erfurt** (15–20 Min. Fahrzeit), wo man Anschluss an den ICE-Verkehr hat.

- 101 **Bahnhof Weimar,** Schopenhauerstr. 2, Bus 1, 6, 7 bis Goetheplatz, Tel. 3001055

Mit dem Flugzeug

Der **Flughafen Erfurt-Weimar** befindet sich im Erfurter Stadtteil Bindersleben. Mit der Stadtbahnlinie 4 erreicht man vom Flughafen aus den Hauptbahnhof von Erfurt, wo man Anschluss nach Weimar hat.

Autofahren

Parkmöglichkeiten finden sich hier:

- P102 [B3] **Parkhaus an der Hauptpost,** Gerhart-Hauptmann-Straße 3
- P103 [C7] **Parkplatz am Hauptfriedhof,** Berkaer Str./B 85, 10 Min. zu Fuß in die südliche Innenstadt
- P104 [D5] **Tiefgarage Beethovenplatz,** Zufahrt über Qielandplatz und Ackerwand
- P105 [C2] **Tiefgarage unter dem Weimar Atrium,** Zufahrt Ernst-Kohl-Str., am Gauforum
- › Weitere Parkplätze stehen entlang der Straßen am **Stadtschloss** 16, am **Graben** 34 und auf dem Rollplatz an der **Jakobskirche** 35 zur Verfügung.
- P106 **Park & Ride (1),** Zum Hospitalgraben 3 (im Süden; Bus Nr. 8, 12 Min. bis Goetheplatz)
- P107 **Park & Ride (2),** Marcel-Paul-Straße 57 (im Norden; Bus Nr. 1, 14 Min. bis Goetheplatz)

Vorseite: Renaissancegiebel am Markt 14

Willkommen in Weimar: der Hauptbahnhof

064we-ms

Barrierefreies Reisen

Die Stadt bietet **barrierefreie Stadtrundgänge** an. Buchen lassen sie sich bei der Tourist-Information Weimar (s. rechts), die auch **über behindertengerechte Unterkünfte** informiert. In Weimar verkehren **Niederflurbusse**, die zum Teil mit Klapprampen ausgestattet sind.

Mit Gehhilfe und Rollator sind nahezu alle **Museen** der Stadt zugänglich, mit Rollstuhl allerdings nur das Bauhaus-Museum 39, die Ausstellung des Goethe-Nationalmuseums 9, das Schiller-Museum 7, das Liszt-Museum 21 und Teile des Schlosses Belvedere 48.

› Weitere Infos unter www.weimar.de/tourismus/service/barrierefreiheit/museen und bei der Tourist-Information

Informationsquellen

Infostellen in der Stadt

ℹ**108** [D4] **Tourist-Information Weimar,** Markt 10, Tel. 03643 7450, www.weimar.de, geöffnet: April–Dez. Mo–Sa 9.30–18, So 9.30–14, Jan.–März Mo–Fr 9.30–17, Sa, So 9.30–14 Uhr. Hier gibt es Prospekte und Bücher, Tickets für Stadtführungen und die weimar card (s. unten). Außerdem Vermittlung von Unterkünften.

Weimar preiswert

› Die **weimar card** ist 48 Std. gültig und bietet freien Eintritt in die meisten Museen Weimars, kostenlose Busfahrten sowie Rabatte auf Angebote wie Stadtrundfahrten und Theater. Die Karte kostet 32,50 €. Die **weimar card plus** ist 96 Std. gültig und umfasst neben nahezu allen Museen und Sehenswürdigkeiten in Weimar auch einige in Thüringen und Sachsen-Anhalt. Inklusive sind z. B. das Schloss Friedenstein in Gotha, die Wartburg in Eisenach, das Freilichtmuseum Hohenfelden, das Kunsthaus Apolda und der Naumburger Dom. Außerdem sind Stadtführungen in Weimar und Erfurt enthalten. Die Karte kostet 59,50 €. Beide Karten sind in der Tourist-Information (s. oben) oder unter www.weimar.de/shop erhältlich.

› Für 15 € (ermäßigt 10 €) erhält man mit dem **Kombiticket Moderne** kostenlosen Eintritt in folgende Museen: Haus Am Horn 19, Museum Neues Weimar 37, Bauhaus-Museum 39, Haus Hohe Pappeln 46 und Nietzsche-Archiv (s. S. 91). Erhältlich ist es unter www.klassik-stiftung.de („Ihr Besuch"/„Allgemeine Informationen"/„Tickets"), in der Tourist-Information (s. oben) und in den angeschlossenen Häusern.

› Die **MuseumsCard der Klassik Stiftung Weimar** gilt für alle Einrichtungen der Stiftung. Die Karte ist ab dem ersten Geltungstag 12 Monate gültig, der Preis liegt bei 49 € (erm. 29 €, für zwei Personen 79 €). Kinder und Jugendliche bis 16 Jahre haben in alle Museen der Klassik Stiftung Weimar kostenlos Eintritt.

› Weimars **Kirchen** und die zahlreichen Parks der Stadt lassen sich kostenlos besichtigen. Auch in der **Albert-Schweitzer-Gedenkstätte** 32 und im **Ginkgo Museum** (s. S. 90) ist der Eintritt frei.

086we © venemama, stock.adobe.com

Meine Literaturtipps

- Blum, David: **„Mein Trip Thüringen"**, Reise Know-How Verlag, 2023. Die schönsten Orte und Sehenswürdigkeiten der Region Thüringen, inkl. Faltplan und Tipps für Wanderungen und Radtouren.
- Haufe, Rüdiger (Hrsg.), **„Macht aus dem Staat Gurkensalat"**, wjs Verlag, 2011. Ein hochinteressantes Buch über die unangepasste Jugend im untergehenden Sozialismus.
- Kirsten, Jens, **„Weimar literarisch"**, Aufbau Verlag, 2013. Literarische Stadtspaziergänge und Wissenswertes über Weimars Geschichte.
- Mann, Thomas, **„Lotte in Weimar"**, Fischer TB, 2012. Der Weimarer Goethe-Roman schlechthin. Stil- und humorvoll inszenierte Begegnung Lottes mit Goethe.
- Merseburger, Peter, **„Mythos Weimar. Zwischen Geist und Macht"**, dtv, 2000. Von Klassik bis Bauhaus, von Buchenwald bis DDR: Das interessante Buch stellt die verschiedenen Gesichter Weimars vor.

Weimar im Internet

- **www.weimar-tourist.de** – touristische Informationen für Weimar-Gäste, Hotelbuchungen und Gastronomietipps
- **www.klassik-stiftung.de** – ausführliche Infos zu den einzelnen Sehenswürdigkeiten der Klassik Stiftung Weimar, auch Online-Ticketverkauf
- **www.weimar-lese.de** – interessante Hintergrundinfos zu Gebäuden, Denkmälern und Persönlichkeiten der Stadt
- **www.weimarpedia-kids.de** – Weimar speziell für Kinder, mit interaktiver Karte und kindgerecht aufbereiteten Informationen zur Stadt
- **https://zeitsprung.animaux.de** – vergleichende Fotos des alten und heutigen Weimar

Publikationen und Medien

Stadtblätter, Programm- und Veranstaltungshefte sowie Karten liegen in der Tourist-Information (s. S. 121) aus. Auch der Buchladen am Bahnhof ist diesbezüglich gut sortiert.

Weimar-Apps

- **FAIRTIQ:** App zum Kauf von Tickets für den öffentlichen Nahverkehr (kostenlos für Android und iOS)
- **Buchenwald:** der Begleiter für einen interaktiven Rundgang mit Bildern, Zeitzeugenberichten und GPS-Funktion (kostenlos für Android und iOS)
- **Weimar+:** Multimedia-App zum Bauhaus-Museum (kostenlos für Android und iOS)
- **Zeitfenster Weimar:** Zeitreise in die Weimarer Geschichte (kostenlos für Android und iOS)
- **Zwiebelmarkt Weimar:** Programmplaner, Karte und historische Fotos zum Zwiebelmarkt (kostenlos für Android und iOS)

LGBT+

Lokaler Anlaufpunkt ist das Jugendzentrum QuWeer. Zudem findet regelmäßig der CSD statt (www.csd-weimar.de).

•109 **QuWeer – Queeres Jugendzentrum Weimar,** im Frauenzentrum, Schopenhauer Str. 21, www.queerweg.de

Medizinische Versorgung

110 **Sophien- und Hufeland Klinikum,** Henry-van-de-Velde-Straße 2, Tel. 03643 570

Mit Kindern unterwegs

Im **Park an der Ilm** 17 finden Kinder auf den Wiesen, in den Grotten und Ruinen viel Raum für Entdeckungen. **Spielplätze** befinden sich am Poseckschen Garten vor dem Historischen Friedhof 24, am Ende der Schubertstraße (Räuberspielplatz) und an der Jakobskirche 35, außerdem in der

Die Tourist-Information Weimar (s. S. 121) befindet sich direkt am Markt 14

Gut orientiert durch Weimar

Schubertstraße zwischen Trierer Straße und Mozartstraße. Klettern kann der Nachwuchs prima auf dem „Versunkenen Riesen“, einer beliebten Skulptur am Frauenplan 8.

Für Kinder ab sieben Jahren ist das **Weimar Haus** (s. S. 92) mit seiner kurzen, multimedialen Einführung in Weimars Geschichte interessant. Lohnenswert sind außerdem das **Deutsche Bienenmuseum** 45 sowie das **Museum für Ur- und Frühgeschichte Thüringens** (s. S. 91). Ein Rundgang durch das **Stadtschloss** 16 mit Schlossmuseum eignet sich für Kinder ab etwa sechs Jahren.

Schillers Wohnhaus 7 bietet freitags und sonntags ein eigenes Kinderprogramm und jeden Samstag um 14 Uhr eine Kinderführung an. **Goethes Wohnhaus** 9 stellt eigene Audioguides für Kinder zur Verfügung. Sämtliche **Museen der Klassik Stiftung Weimar** (www.klassik-stiftung.de) sind für Kinder und Jugendliche unter 16 Jahren kostenfrei zu besichtigen.

Ein **Kinderstadtführer** ist in der Tourist-Information (s. S. 121) erhältlich. Auch Rundfahrten mit dem Belvedere-Express (s. S. 126) und der Kutsche begeistern die Kleinen. Freunde des unterhaltsamen **Kindertheaters** werden im **Galli Theater** fündig.

Eine Erkundung lohnt das idyllische **Kirschbachtal**, das viele Möglichkeiten zum Austoben bietet und am westlichen Stadtrand zu finden ist. Start ist an der Forellenanlage (Paul-Schneider-Straße 78), von der aus man der Straße Kirschbach folgt, die direkt zum Wanderweg führt.

An der **Pfeiffers Ruh** am Rande des Parks Belvedere 48 gibt es einen Spielplatz, eine Schutzhütte und eine Feuerstelle.

In Hetschburg, 20 Minuten südlich der Stadt, kann man im Gasthof Zum Lindenbaum für die besonders bei Familien beliebten Wanderungen einen Picknickkorb bestellen (s. S. 77).

Bauerngarten am Bienenmuseum 45

066we-ms

Empfehlenswert ist zudem ein Besuch auf dem **Erlebnishof Weimar**, wo Ponys, Lamas und Alpakas zu Hause sind. Es darf auch geritten werden.

- 111 **Erlebnishof Weimar,** Oberweimar/ Taubacher Straße, www.erlebnishof-weimar.de
- 112 [D4] **Galli Theater,** Windischenstr. 4–6, www.galli.de, Tel. 778251, Tickets: 7 €, erm. 5 €. Kinderprogramm jeden Sa und So Auf dem Spielplan stehen viele Märchen.

Notfälle

- **Polizei:** 110
- **Ärztlicher Notdienst:** Tel. 0800 825252
- **Notfallzentrum Weimar:** Tel. 03643 571000
- Der **Notdienstplan der Apotheken** hängt an allen Apotheken aus, beispielsweise an der Hofapotheke (Markt 4).

Kartensperrung

Bei **Verlust der Debit-/Giro-, Kredit-** oder **SIM-Karte** gibt es für Kartensperrungen eine **deutsche Zentralnummer** (unbedingt vor der Reise klären, ob die eigene Bank bzw. der jeweilige Mobilfunkanbieter diesem Notrufsystem angeschlossen ist). **Aber Achtung:** Mit der telefonischen Sperrung sind die Bezahlkarten zwar für die Bezahlung/Geldabhebung mit der PIN gesperrt, nicht jedoch für das **Lastschriftverfahren mit Unterschrift.** Man sollte daher auf jeden Fall den Verlust zusätzlich **bei der Polizei zur Anzeige bringen,** um gegebenenfalls auftretende Ansprüche zurückweisen zu können.

In **Österreich** und der **Schweiz** gibt es keine zentrale Sperrnummer, daher sollten sich Besitzer von in diesen Ländern ausgestellten Debit- oder Kreditkarten vor der Abreise bei ihrem Kreditinstitut über den zuständigen Sperrnotruf informieren.

Generell sollte man sich immer die **wichtigsten Daten** wie Kartennummer und Ausstellungsdatum **separat notieren,** da diese unter Umständen abgefragt werden.

- **Deutscher Sperrnotruf:** Tel. +49 116116 oder Tel. +49 3040504050
- **Weitere Infos:** www.kartensicherheit.de, www.sperr-notruf.de

Radfahren

Weimar lässt sich hervorragend mit dem Fahrrad erkunden. In Richtung der Schlösser Belvedere und Tiefurt sind jedoch einige Anstiege zu überwinden. Lohnend ist die Fahrt entlang der Ilm in das südlich gelegene Ilmtal, nach Buchfart und Hetschburg.

- 113 [C5] **Bikey Bike,** Steubenstraße 19A, https://rentle.store/bikeybike/shop, geöffnet: Mo, Mi–Fr 9–12, Sa, So 9–11 Uhr
- 114 [D4] **E-Bike-Vermietung,** Kaufstraße 11, www.lokaltermin-reisen.de, Tel. 03643 777210
- 115 [C3] **Fahrradverleih der Grünen Liga,** Goethepl. 9b, Tel. 492796, geöffnet: April–Oktober, Mo–Fr 9–15, Sa 9–12 Uhr, Kosten: 9 €/Tag

Sport und Erholung

Erholung und Entspannung sind in den Parks der Stadt schnell zu finden. Wer es sportlicher mag, ist im bekannten Schwanseebad gut aufgeboben. Zur Winterzeit wird auf dem Theaterplatz eine mobile Eislaufbahn aufgebaut.

- 116 **EnergieWände – Kletterhalle Weimar,** Kromsdorfer Str. 11, kletterhalle-weimar.de, Tel. 03643 4684600

S117 Landpension & Reiterhof Fiala, Friedegasse 25, Hopfgarten, Tel. 03643 825166, https://pension-reiterhof-fiala.de

S118 [A2] **Schwanseebad,** Hermann-Brill-Platz 2, https://sw-weimar.de. Frei- und Hallenbad mit Sprungtürmen und Sauna.

S119 Spa & GolfResort Weimarer Land, Weimarer Str. 60, Blankenhain, www.golfresort-weimarerland.de, Tel. 036459 61640

S120 Sportpark Burg Denstedt, Karl-Marx-Straße 1f, Kromsdorf, www.sportpark burgdenstedt.de, Tel. 03643 4480768, Natur-, Öko- und Künstlersauna, Fitness.

Stadttouren

Studenten der Bauhaus-Universität bieten **Spezialführungen zum Thema Bauhaus** an (s. S. 67). Die **Tourist-Information Weimar** (s. S. 121) hat thematische Touren, Kostümführungen und verschiedene Rundgänge im Angebot. Im Sommer gibt es auch **Kutschfahrten** (Start ist am Markt 14) und man kann Rundfahrten mit dem **Belvedere-Express** unternehmen, einem historischen Bus aus den 1920er-Jahren. Die Tickets hierfür sind jeweils direkt in der Tourist-Information erhältlich.

› **Belvedere-Express,** www.belvedere-express.de, Apr.–Okt. Mo–Sa 10.30, 13, 15 und 17, So 11 und 13.30 Uhr, Abfahrtzeiten Nov.–März siehe Website, Preis: 20 € (erm. 18 €). Tour im Sommer inklusive Führung im Schloss und Park Belvedere, Abfahrt und Endpunkt: Hotel Elephant (s. S. 128) am Markt.

› **Lokaltermin,** www.lokaltermin-reisen.de, Stadtführungen zu Fuß oder per Rad

Stilvoll übernachten im Grand Hotel Russischer Hof

Besonders beliebt: Kutschfahrten durch die Stadt

067we-ms

Unterkunft

Die Stadt bietet für jeden Geschmack und jeden Geldbeutel die passende Unterkunft. Die Bandbreite reicht dabei von der einfachen Jugendherberge und dem Campingplatz über gemütliche, stilvolle Pensionen bis hin zu Luxushotels.

In Weimar fällt je nach Größe der Unterkunft eine **Bettensteuer** von 0,75 € bis 2 €/Nacht an, die zusätzlich zum Übernachtungspreis gezahlt werden muss.

Preiskategorien Unterkünfte

Die Preiskategorien gelten für ein Doppelzimmer inkl. Frühstück:

€	bis 75 €
€€	75–100 €
€€€	100–125 €
€€€€	über 125 €

Hotels

121 [B5] **Alt Weimar** €€€, Prellerstr. 2, Bus 1, 2, 5, 6, 8 bis Gropiusstr., www.alt-weimar.de, Tel. 86190. **Klassische Moderne:** restauriertes Haus mit zeitgemäß eingerichteten, ansprechenden Zimmern. Original erhalten sind die Jugendstilfenster und Holzvertäfelungen. Preisgekröntes Restaurant.

122 [D5] **Dorint Am Goethepark** €€€€, Beethovenplatz 1/2, Bus 1, 5, 6, 8 bis Wielandplatz, http://hotel-weimar.dorint.com, Tel. 8720. **Stilvoll wohnen:** 4-Sterne-Superior-Hotel in zwei alten Villen mit modernem Anbau. Komfortable, helle Zimmer und gutes Frühstück. Auch ideal für Familien. Spa, Massagen und Sauna.

123 [C3] **Grand Hotel Russischer Hof** €€€€, Goetheplatz 2, alle Buslinien bis Goetheplatz, www.russischerhof-weimar.de, Tel. 7740. **Klassische Eleganz im Zentrum:** 5-Sterne-Hotel, das heute zur

069we-ms

Buchungsportale

Neben Buchungsportalen für **Hotels** (z. B. www.booking.com, www.hrs.de oder www.trivago.de) bzw. für **Hostels** (z. B. www.hostelworld.com) gibt es auch Anbieter, bei denen man **Privatunterkünfte** buchen kann. Portale wie www.airbnb.de oder www.wimdu.de vermitteln Wohnungen, Zimmer oder auch nur einen Schlafplatz auf einer Couch. Diese oft recht günstigen Übernachtungsmöglichkeiten sind nicht unumstritten, weil manchmal normale Wohnungen gewerblich missbraucht werden. Einige Städte greifen deshalb regulierend ein.

068we-ms

Best-Western-Gruppe gehört. Ein traditionsreiches Haus mit entsprechenden Preisen. Gehobenes Restaurant und Wiener Caféhaus.

124 [D4] **Hotel „Am Frauenplan"** €€€, Brauhausgasse 10, Bus 1, 5, 6, 8 bis Wielandpl., www.hotel-am-frauenplan.de, Tel. 49440. **Ideal in der Stadtmitte gelegen:** einladendes 3-Sterne-Hotel mit einfachen, aber guten Zimmern. Zentrale, dennoch ruhige Lage. Im hübschen Innenhof befindet sich ein gutes Restaurant.

125 [C5] **Hotel Amalienhof** €€€€, Amalienstr. 2, Bus 1, 5, 6, 8 bis Wielandplatz, www.amalienhof-weimar.de, Tel. 5490. **Zentral gelegen:** 3-Sterne-Hotel mit stilvoll möblierten Zimmern. Schöne Dachterrasse, reichhaltiges Frühstück.

126 [C3] **Hotel Anna Amalia** €€€, Geleitstr. 8–12, alle Buslinien bis Goetheplatz, www.hotel-anna-amalia.de, Tel. 49560. **Zum Wohlfühlen:** empfehlenswertes, familiengeführtes 3-Sterne-Hotel mit günstigen Preisen.

127 **Hotel-Café Kipperquelle** €€, Kippergasse 20, Ehringsdorf, Bus 1 bis Ehringsdorf, www.kipperquelle-weimar.de, Tel. 808888. **Biohotel in ländlicher Lage:** biozertifiziertes Hotel ca. 4 km südlich des Zentrums. Ideal für Fahrradfahrer, da am Ilmtal-Radweg gelegen. Das lauschige Café serviert leckeren selbst gebackenen Kuchen.

128 [D4] **Hotel Elephant** €€€€, Markt 19, Bus 1, 5, 6, 8 bis Wielandplatz, www.hotelelephantweimar.com, Tel. 8020. **Geschichte trifft auf Eleganz:** 5-Sterne-Hotel mit langer Tradition. Der Gast hat die Wahl zwischen einem Standardzimmer und einer von sieben nach berühmten Persönlichkeiten wie Thomas Mann benannten Suiten. Das Haus ist etwas in die Jahre gekommen (nicht alle Zimmer sind renoviert), bietet aber ein reichhaltiges Frühstück und eine hervorragende Küche. Mit Bar und Bibliothek.

129 [C4] **Hotel Schillerhof** €€€-€€€€, Schützengasse 1, www.schillerhof-weimar.de, Tel. 8819010. **Komfortabel wohnen in perfekter Lage:** modernes, frisch saniertes Haus mit tollem Frühstück. Angeschlossen ist auch eine Bar.

130 **Konsumhotel Dorotheenhof** €€€€, Dorotheenhof 1, Bus 7 bis Umspannwerk, www.dorotheenhof.com, Tel. 4590. **Klassisch gut:** 4-Sterne-Hotel 4 km nördlich der Innenstadt, das mit einer idyllischen Lage mitten im Park und reizvoll ausgestatteten Zimmern aufwartet. Behagliches Kaminzimmer, erstklassiges Restaurant und Sauna.

Pensionen und Gästehäuser

131 [D4] **Gästehaus 36 Pho-Co** €€€, Kaufstr. 2–4, www.pho-co-weimar.de/guesthouse, Tel. 6001701. **Weimar trifft Vietnam:** hervorragendes Gästehaus mit einer sehr gelungenen Mischung aus Industrial-Look und asiatischen Wohnelementen.

132 [D4] **Hotel-Pension am Goethehaus** €€€, Frauentorstr. 13, Bus 1, 5, 6, 8 bis Wielandplatz, www.pension-am-goethehaus.de, Tel. 516879. **Wohnen „bei" Goethe:** moderne, geräumige Zimmer in Pastellfarben, außerdem stehen zwei hübsche Ferienwohnungen zur Verfügung. Frühstück ist im Preis inbegriffen.

133 [B4] **Hotel-Pension Am Theater** €€, Erfurter Str. 10, Bus 3 bis Erfurter Str., www.pension-am-theater.de, Tel. 88940. **Zentral und günstig:** gepflegte Zimmer, ausgezeichnetes Preis-Leistungs-Verhältnis.

Auf dem Balkon des Hotel Elephant steht jedes Jahr die Figur einer mit Weimar verbundenen Persönlichkeit (s. S. 37)

Ferienwohnungen

134 **Am Lottenbach** €€, Paul-Schneider-Str. 63, Bus 3 bis Damaschkestr., www.weimar-reise.de, Tel. 205920. **Individueller Charme:** ansprechend gestaltete Apartments in harmonischen Farben mit Parkett, Dielen und alten Möbeln. Ein Haus zum Wohlfühlen, ca. 3 km westlich des Zentrums.

135 [A3] **Design Apartments Weimar** €€€-€€€€, Fuldaer Str. 85, Bus 3, 7 bis Mozartstr., www.hier-war-goethenie.de, Tel. 217149. **Wo der Name Programm ist:** fünf schmucke, stilvoll eingerichtete Wohnungen mit dem gewissen Etwas an zwei Standorten. Genau das Richtige für Designfans.

136 [D5] **Familienhotel Weimar** €€€€, Seifengasse 8, Bus 1, 5, 6, 8 bis Wielandplatz, www.familienhotel-weimar.de, Tel. 4579888. **Für Familien ideal:** Unterkunft im ökologisch gebauten Holzhaus mit vier 1- bis 3-Zimmer-Wohnungen, alle mit Balkon. Schlichtes, geschmackvolles Ambiente. Kleines Restaurant.

137 **Ferienwohnung Am Goethepark** €€, Mittelstraße 14, www.ferienwohnung-weimar-goethepark.de, Tel. 0175 5677705, Bus 1 bis Ehringsdorf, Am Anger. **Komfortabel und behaglich:** Ferienwohnung am südlichen Rande des Parks an der Ilm, unweit des Bienenmuseums.

138 [C4] **Ferienwohnungen Eckermannhaus** €€, Brauhausgasse 13, www.eckermannhaus.de, Tel. 202020. **Wie zu Hause:** vier moderne Ferienwohnungen inmitten der Innenstadt. Ideal auch für Familien.

› **Ginkgo Appartements** €€, über dem Ginkgo Museum (s. S. 90), www.ginkgo-ferien.de. **Gut wohnen am Markt:** zentral gelegene, zeitgemäße Ferienwohnungen mit Platz für 2 bis 6 Personen.

Jugendherbergen und Hostels

139 [C1] **DJH-Jugendherberge „Germania“,** Carl-August-Allee 13, Bus 2, 3, 6 bis Carl-August-Allee, Tel. 850490. **Einfach wohnen:** gute Jugendherberge in der Nähe des Hauptbahnhofs. Neben Gemeinschaftszimmern gibt es auch neun Zimmer mit separatem Bad.

140 [C3] **Labyrinth Hostel,** Goethepl. 6, Bus: alle Linien bis Goetheplatz, www.weimar-hostel.com. Tel. 811822. **Gemütlich und günstig:** Hostel mit von Weimarer Künstlern individuell gestalteten Zimmern.

Campingplatz

141 Campingplatz Ettersburg, Badteichweg 1, 99439 Ettersburg, Bus 6 bis Am Keßlin, https://camping-weimar.de, Tel. 0176 22841464. Idyllischer Platz unter Tannen am Rande des Ettersbergs. Kostenlose Nutzung des Freibads.

142 Campingplatz im Grünen, Auf dem Butterberge 1, Oettern, www.campingplatzimgruenen.de, Tel. 036453 80264. Sehr empfehlenswerter, charmanter Platz südlich von Weimar nahe der Ilm und des Ilm-Radweges. Spielplatz, gepflegtes Sanitärgebäude und Bistro.

143 Camping Tiefurt, Hauptstr. 2a, Weimar-Tiefurt, Bus 3 bis Tiefurt, Tel. 03643 850121, www.camping-weimar-tiefurt.de. Idyllisch gelegener Platz an der Ilm mit angeschlossenem Bauernhof. Stellplätze für Wohnwagen vorhanden.

Verkehrsmittel

In Weimar verkehren **Stadtbusse.** Zentraler Busknotenpunkt ist der Goetheplatz 42. Fahrscheine sind am Goetheplatz, in der Tourist-Information (s. S. 121) und am Bahnhof (s. S. 120) erhältlich. Alternativ kann man auch über die App FAIRTIQ Tickets kaufen (s. S. 123).

- **Kundencenter am Goetheplatz (Pavillon),** Tel. 434170, geöffnet: Mo–Fr 7–18, Sa 9–13 Uhr
- **Ticketpreise:** 4-Fahrten-Karte 9 €, Tageskarte 6,20 €, Gruppentageskarte 12,20 €
- **Infos zum ÖPNV:** https://sw-weimar.de/swg/verkehr

Wetter und Reisezeit

Der **Sommer** ist naturgemäß die Hauptreisezeit. Ein ruhiges, schattiges Plätzchen findet sich immer im Park an der Ilm, wo zudem der gleichnamige Fluss für Abkühlung sorgt. Im **Frühling und Herbst** ist Weimar etwas weniger stark frequentiert, aber nicht minder attraktiv. An manchen Tagen im **Winter** hat man die Stadt dagegen fast für sich allein.

Die Figur des Neptun krönt den gleichnamigen Brunnen

Wetter in Weimar

Durchschnitt	Jan	Febr	März	Apr	Mai	Juni	Juli	Aug	Sept	Okt	Nov	Dez
Maximale Temperatur	2°	4°	8°	13°	18°	22°	24°	23°	20°	14°	7°	3°
Minimale Temperatur	−3°	−2°	0°	4°	8°	11°	13°	13°	10°	6°	2°	−2°
Regentage	17	15	13	14	14	13	14	13	13	14	15	15

ANHANG

056we-ms

Register

Das ist
noch nicht alles!
Mehr Reise Know-How gibt es hier:
www.reise-know-how.de
Reiseführer | CityTrip | MeinTrip | InselTrip

Zugspitze. Foto: Aneta Niemitz

Impressum

Martin Schmidt

CityTrip Weimar

© Reise Know-How Verlag
Peter Rump GmbH
2., neu bearbeitete und aktualisierte Auflage 2023

ISBN 978-3-8317-3773-4

Printed in Germany

Druck und Bindung:
mediaprint solutions GmbH, Paderborn

Herausgeber: Klaus Werner
Layout: amundo media GmbH (Umschlag, Inhalt), Peter Rump (Umschlag)
Lektorat: amundo media GmbH
Karten: Ingenieurbüro K. Wendler, amundo media GmbH
Anzeigenvertrieb: KV Kommunalverlag GmbH & Co. KG, Alte Landstraße 23, 85521 Ottobrunn, Tel. 089 928096-0, info@kommunal-verlag.de
Kontakt: Osnabrücker Str. 79, 33649 Bielefeld, info@reise-know-how.de

Alle Angaben in diesem Buch sind gewissenhaft geprüft. Preise, Öffnungszeiten usw. können sich jedoch schnell ändern. Für eventuelle Fehler übernehmen Verlag wie Autor keine Haftung.

Bildnachweis
Umschlagvorderseite: © autofocus67, stock.adobe.com | Umschlagrückseite: © ah_fotobox, stock.adobe.com | Umschlagklappe rechts: Martin Schmidt
Soweit ihre Namen nicht vollständig am Bild vermerkt sind, stehen die Kürzel an den Abbildungen für die folgenden Fotografen, Firmen und Einrichtungen. Martin Schmidt: ms | Dr. Ulrich Schmidt: us

Liste der Karteneinträge

Grandiose Aussicht über die Stadt vom Turm der Jakobskirche 35

073we-ms

Zeichenerklärung

- Hauptsehenswürdigkeit

- Bar, Treffpunkt
- Bibliothek
- Biergarten, Pub, Kneipe
- Café, Eiscafé
- Denkmal
- Freibad
- Galerie
- Geschäft, Kaufhaus, Markt
- Hotel, Unterkunft
- Hallenbad
- Imbiss, Bistro
- Informationsstelle
- Jugendherberge, Hostel
- Kino
- Kirche
- Museum
- Musikszene, Disco, Club
- Parkplatz
- Pension, Bed & Breakfast
- Quelle
- Restaurant
- Sehenswürdigkeit
- Sonstiges
- Sport-/Spieleinrichtung
- Theater

- Shoppingareal
- Gastro- und Nightlife-Areal
- Stadtspaziergang (s. S. 11)

Hier nicht aufgeführte Nummern liegen außerhalb der abgebildeten Karten. Ihre Lage kann aber wie die von allen Ortsmarken im Buch mithilfe der Web-App angezeigt werden (s. rechts).

Weimar mit PC, Smartphone & Co.

QR-Code auf dem Umschlag scannen oder **www.reise-know-how.de/citytrip/weimar23** eingeben und die **kostenlose Web-App** aufrufen (Internetverbindung zur Nutzung nötig)!

★**Anzeige der Lage und Satellitenansicht aller** beschriebenen Sehenswürdigkeiten und weiteren Orte
★**Routenführung** vom aktuellen Standort zum gewünschten Ziel
★**Exakter Verlauf** des empfohlenen Stadtspaziergangs
★**Updates** nach Redaktionsschluss

GPS-Daten zum Download

Die GPS-Daten aller Ortsmarken und des Spaziergangs stehen auf der Produktseite des Titels auf www.reise-know-how.de zum Download zur Verfügung.

Stadtplan für mobile Geräte

Um den Stadtplan auf Smartphones und Tablets zu nutzen, empfehlen wir die App „Avenza Maps“ der Firma Avenza™. Über die Funktion „Store“ kann die „Citymap Weimar 2023“ kostenlos geladen werden.

Die Information über und die Bereitstellung von digitalen Zusatzinhalten (z. B. Web-App, Links, GPS-Tracks o. Ä.) ist eine freiwillige Zusatzleistung des Verlages, auf die kein Anspruch besteht und für deren Richtigkeit aufgrund der Veränderlichkeit solcher Informationen auch nicht gehaftet werden kann. Insbesondere behält sich der Verlag deshalb vor, die Bereitstellung und die Zugriffsmöglichkeit zeitlich zu befristen und den Zugriff hierauf auch vorfristig abzuschalten.